以案说纪

50个党纪疑难问题解析

本书编写组◎编

中国方正出版社

目 录 Contents

1. 非组织活动违纪行为辨析

典型案例

朱某，中共党员，2015 年至 2017 年任某市某区区长；2017 年至 2021 年任某市 A 县县委书记。经查，朱某在任 A 县县委书记期间，为培植个人势力，以使用熟悉的干部便于开展工作为幌子，先后从原任职地区即某区及其成长地 B 县调入多名老乡、同学任 A 县有关部门负责人。朱某以“老大”自居，要求上述人员对自己“效忠”，安排他们为自己保管违纪违法所得、违规报销个人费用及打击不同意见人员，并在网络、报纸等媒体上吹嘘朱某的政绩以捞取政治资本。朱某多次违规提拔、重用上述人员，还以“老乡、同学聚会”名义经常与他们私下谋划如何造势。朱某的上述行为严重污染 A 县政治生态。2021 年 6 月，朱某因严重违纪违法并涉嫌受贿罪，被开除党籍和公职，其涉嫌犯罪问题移送检察机关依法审查起诉。

处理意见

对于该案例中朱某调动老乡、同学及造势等行为的定性，主要存在三种意见。

第一种意见认为：朱某按正常程序调入原任职地区的工作人员，并安排上述人员宣传政绩及帮助自己进行违纪违法活动，均系朱某其他违纪违法行为的手段，故对朱某这些行为不再单独评价为违纪，可作情节考量。

第二种意见认为：朱某作为A县主要负责人，以“老乡、同学聚会”为名搞山头主义，应当依据《中国共产党纪律处分条例》（以下简称《条例》）第六章“对违反政治纪律行为的处分”第五十条“党员领导干部在本人主政的地方或者分管的部门自行其是，搞山头主义”予以处理。

第三种意见认为：朱某身为A县县委主要负责人，将多人从原任职地区调到A县，并长期勾连、拉帮结派，形成了利益集团，违反《条例》第六章“对违反政治纪律行为的处分”第四十九条，构成非组织活动违纪行为。

评析意见

笔者赞成第三种意见。

《条例》第四十九条规定，在党内搞团团伙伙、结党营私、拉帮结派、培植个人势力等非组织活动，或者通过搞利益交换、为自己营造声势等活动捞取政治资本的，给予严重警告或者撤销党内职务处分；导致本地区、本部门、本单位政治生态恶化的，给予留党察看或者开除党籍处分。在实践中，就非组织活动违纪行为的构成要件及与类似行为的区别存在争议，有必要予以辨析。

一、非组织活动行为纳入纪律惩处的背景

我们党历来反对破坏党的团结统一的任何形式非组织活动。早在延安整风期间就将反对宗派主义作为整顿党风的重要内容。1980 年 2 月，党的十一届五中全会通过的《关于党内政治生活的若干准则》提出了“坚持党性，根绝派性”要求。2016 年《关于新形势下党内政治生活的若干准则》重申，“党员、干部特别是高级干部不准在党内搞小山头、小圈子、小团伙，严禁在党内拉私人关系、培植个人势力、结成利益集团”。从近年通报的案件看，一些被审查调查人热衷圈子文化、码头文化，将权力作为培植个人势力的工具，破坏党的集中统一，成为政治生态的重要污染源。党中央对非组织活动始终高度警惕、紧盯不放，在《条例》历次修订上也有所体现。2003 年《条例》将此行为归类为违反组织、人事纪律，第六十三条规定，在党内搞非组织活动，破坏党的团结统一的，给予相应处分。

2015年《条例》第五十二条规定，在党内搞团团伙伙、结党营私、拉帮结派、培植私人势力或者通过搞利益交换、为自己营造声势等活动捞取政治资本的，均构成违纪，定性从违反组织纪律调整为违反政治纪律。2018年《条例》第六章“对违反政治纪律行为的处分”第四十九条将上述行为归纳为非组织活动，在定性表述上更符合该行为背离政治原则的本质。

二、非组织活动的违纪构成要件

违纪主体，系一般党员，不要求是党员领导干部等特殊主体。违纪主观方面，系故意。违纪客体，侵犯党的团结统一，污染政治生态。违纪客观方面。第一，在党内搞团团伙伙。从字面含义看，团团伙伙具有派系的初步特征，主要通过亲亲疏疏、拉拉扯扯等非组织活动结成利益同盟，互相提携、互通款曲，但交往的紧密度、组织的严密性尚未达到结党营私、拉帮结派等程度。第二，结党营私、拉帮结派、培植个人势力。与团团伙伙相比，此种非组织活动目的性更明确、性质更严重、影响更恶劣，派系、圈子特征更为明显，尤其是培植个人势力对党的团结统一危害更大。第三，通过搞利益交换、舆论造势等活动捞取政治资本。如案例中，朱某多次将老乡及原下属调入A县，将公权私相授受，搞以人划线、亲疏有别，建立以自己为中心的利益集团；下属则为虎作伥回报朱某的提携。此类行为是非组织活动中情节或影响较为严重的。

三、与类似行为的区别

与拒不执行党中央确定的大政方针“搞山头主义”的区别。《条例》第五十条规定，党员领导干部在本人主政的地方或者分管的部门自行其是，搞山头主义，拒不执行党中央确定的大政方针，甚至背着党中央另搞一套的（以下简称“搞山头主义”），给予撤销党内职务及以上处分。非组织活动与搞山头主义有以下区别：一是违纪主体不同。非组织活动违纪主体是一般党员干部，搞山头主义违纪主体是党员领导干部。二是表现形式不同。搞山头主义表现为拒不执行党中央确定的大政方针，甚至背着党中央另搞一套，非组织活动虽可能有政治目的，但未必表现为拒不执行大政方针。三是处分档次不同。非组织活动处分起步档次是党内严重警告，搞山头主义处分起步档次是撤销党内职务。

与违规组织、参加乡友会等行为的区别。一是违纪主体不同。违规组织、参加乡友会主体是党员领导干部。非组织活动不要求特殊主体。二是表现形式不同。非组织活动虽可能以老乡会、校友会、战友会这“三会”形式出现，但最终目的是结成利益集团。在案例中，朱某就以老乡、同学聚会形式掩盖非组织活动。三是定性和处分档次不同。违规组织、参加乡友会行为违反组织纪律，情节严重才给予党纪处分；非组织活动违反政治纪律，处分档次相对较重。

与违规选拔干部行为的区别。对于非组织活动中的违规选拔干部行为，鉴于违规选拔干部系非组织活动的手段，两者构成牵连关系，可择一重认定。在处分档次相当情况下，可认定为非组织活动，以凸显行为的政治属性。

（汪建华　许　展　安徽省纪委监委）

（原载于《中国纪检监察报》2021 年 9 月 29 日）

2. 借落实重大决策部署之机
搞权钱交易怎样认定

▎典型案例

夏某，中共党员，D 市环境监察支队支队长。夏某在担任该支队支队长期间，在环保执法工作中做选择、搞变通，利用环保执法权大搞权钱交易。特别是 2016 年中央环保督察组开展督察以来，夏某作为环保执法部门负责人，对事关生态文明建设的重大决策部署不但不坚决贯彻落实，反而借助环保督察形成的治理环保违法问题高压态势，滥用环保执法权对 10 余家存在环境污染违法行为的企业从轻处罚、免予处罚，接受某环保科技公司请托，向监管对象推荐该公司生产的环保设备，索取、收受相关企业和个人贿赂 530 余万元。长期以来，夏某的行为在 D 市造成了恶劣影响，守法企业和群众反映强烈。

处理意见

本案的焦点是夏某的行为在涉嫌构成受贿犯罪的同时，是否违反了党的纪律，以及构成何种违纪行为。

第一种意见认为：夏某利用环保执法权，为监管对象谋取利益，并索取、收受财物，对该行为按照涉嫌受贿犯罪做单一评价即可，不宜在违反党纪层面作重复评价。

第二种意见认为：夏某在落实党中央关于生态文明建设的决策部署过程中打折扣、搞变通，且利用环保执法权大搞权钱交易，造成严重不良影响，违反政治纪律，同时涉嫌受贿犯罪。

第三种意见认为：夏某在环保执法工作中不正确履行职责，造成严重不良影响，违反工作纪律，同时涉嫌受贿犯罪。

评析意见

笔者赞成第二种意见，夏某的行为违反政治纪律，同时涉嫌受贿犯罪，对两个问题应当分别予以评价。

一、夏某的行为违反政治纪律

党的十八大以来，党中央高度重视生态文明建设，把生态文明建设作为统筹推进“五位一体”总体布局的重要内容。生态环境是关系党的使命宗旨的重大政治问题，也是关系民生的重大社会问题。是否坚决有效贯彻执行党中央关于生态文明建设决策部署，是检验一个地区、一个单位、一个干部是否牢固树立“四个意识”、做到“两个维护”的重要方面。

本案中，夏某身为D市环境监察执法工作的主要负责人，不但不认真贯彻党中央关于生态文明建设决策部署要求，反而在环保执法工作中做选择、搞变通，滥用手中权力对相关企业从轻处罚、免予处罚，利用环保执法权大搞权钱交易，并借此索取、收受贿赂，是典型的有令不行、有禁不止，造成党中央关于生态文明建设的决策部署以及环境保护方面的具体要求在其职责范围内没有得到有效贯彻和执行，破坏了党中央政令畅通，破坏了环保督察工作的严肃性，其政治层面的恶劣影响是首要的，是典型的违反政治纪律行为。

二、夏某的行为不宜认定为违反工作纪律

本案中，夏某在环保执法工作中不正确履行职责，造成严重不良影响，虽然也符合违反工作纪律的构成要件，但不宜认定为违反工作纪律。理由如下：一是夏某不正确履行职责的行为不是发生在常规性、一般性的工作当中，而是发生在中央环保督察期间，落实党中央关于生态文明建设决策部署过程中；二是夏某不正确履行职责的行为不是偶尔为之，而是一而再、再而三地发生，已经形成了一种“习惯”和“做派”，反映出其在执行党中央重大决策部署方面毫无政治觉悟，政治意识严重缺失；三是夏某行为虽然也损害了党的正常工作秩序，但更重要的是破坏了党中央政令畅通，在政治上造成了恶劣影响。综上，对夏某的行为按照违反政治纪律认定，更能体现把党的政治建设摆在首位、查处案件首先要从政治纪律查起的要求，能够更好地实现案件处理政治效果、纪法效果、社会效果相统一。

三、违反政治纪律和涉嫌犯罪问题是否应当分别评价

在处理涉嫌职务犯罪案件中，被审查调查人的涉嫌职务犯罪行为往往也同时符合违反党的纪律的构成要件，比如，涉嫌受贿犯罪行为可能同时构成违反组织纪律、廉洁纪律，涉嫌滥用职权犯罪行为可能同时构成违反工作纪律。是否同时认定违纪和涉嫌犯罪问题，关键在于两者是否侵犯同一客体。比如，涉嫌受贿犯罪和违反廉洁纪律的行为，侵犯的客体都是公职人员职务行为的廉洁性，则一般只认定涉嫌犯罪问题，无须同时认定违反廉洁纪律问题。

要综合考虑案件处理效果等因素，确定是否对同一个行为从破纪和违法两个层面分别评价。比如，在干部选拔任用方面为他人谋利并收受贿赂的行为，二者侵犯的客体

不一致，一般既要认定违反组织纪律问题，也要认定涉嫌受贿犯罪问题，从破纪和违法两个层面分别评价，在相关文书中分别加以表述，以充分体现该行为破坏干部选拔任用秩序的本质特征，强化纪律权威和作用。同样地，对于涉嫌职务犯罪同时又构成违反政治纪律的行为，由于政治纪律是最重要、最根本的纪律，违反政治纪律行为侵犯的客体是党中央权威和集中统一领导，为了体现加强党的政治建设要求，强化案件处理的政治效果，应当将该行为作为违反政治纪律的行为和涉嫌犯罪的行为分别评价，并在相关文书中从不同角度分别予以表述。

（傅　芃　山东省青岛市纪委监委）

（原载于《中国纪检监察报》2020 年 1 月 22 日）

3. “两面人”违纪行为辨析

典型案例

何某，中共党员，某县某局局长。2019 年 2 月，何某下班回家后锻炼时摔伤，造成腿部骨裂，但其向组织及同事谎称加班时摔伤，并拄拐参加该县党风廉政建设会议，且作为廉政勤政典型发言。在发言中，何某大谈自己如何对党忠诚、严于律己。此外，何某一贯以敬业、清廉形象示人，对外称工作多年名下只有一套房产。2018 年，某市巡察组在巡察何某所在县的时候发现何某相关问题线索，并移交给该县纪委。2019 年 5 月，何某被立案审查调查，纪检监察机关查实何某收受他人巨额贿赂。何某“两面人”行为一度成为当地街谈巷议的热点，造成严重不良影响。

处理意见

对于该案例中何某的行为应如何定性，主要存在三种意见。

第一种意见认为：何某收受贿赂行为已严重违纪并涉嫌犯罪，其“两面人”行为只是掩盖违纪、犯罪行为的手段，不宜单独作违纪行为评价。

第二种意见认为：何某作为党员领导干部，人前表演、人后收钱，违反忠诚老实、言行一致等政治规矩，应依据《中国共产党纪律处分条例》（以下简称《条例》）第六十九条之规定，认定何某构成违反政治规矩错误。

第三种意见认为：何某毫无党性观念，对党不忠诚不老实，表里不一，欺上瞒下，系典型的“两面人”，鉴于造成严重不良影响，应依据《条例》第五十一条之规定，认定何某构成对党不忠诚不老实、搞两面派、做两面人错误，违反了政治纪律。

评析意见

笔者赞同第三种意见。

《条例》第五十一条规定，对党不忠诚不老实，表里不一，阳奉阴违，欺上瞒下，搞两面派，做两面人违纪行为(以下简称“两面人”行为)，应视情节给予警告直至开除党籍处分。作为新增条款，“两面人”行为在事实认定、定性把握上存在分歧。现以“两面人”行为入纪背景及构成要件等为视角，对该行为认定及需要注意的问题作简要分析。

一、“两面人”行为入纪背景

习近平总书记多次强调，党员干部在党组织面前，不能隐瞒自己，不能信口雌黄，要言行一致、表里如一。《关于新形势下党内政治生活的若干准则》也明确规定，党的各级组织和全体党员必须对党忠诚老实、光明磊落，说老实话、办老实事、做老实人，反对搞两面派、做两面人。从党的十八大以来查处的相关案件看，一些被审查调查对象善于表演、精于伪装，甚至具有较好的口碑和形象。他们把岗位当舞台、把公众当观众，台上正气凛然，台下肆无忌惮，演绎了让人瞠目结舌的“双面人生”。不少被审查调查对象“两面人”行为具有较强的欺骗性，污染了政治生态。党的十九大报告对准确甄别、及时清理“两面人”行为提出了明确要求。鉴于此，“两面人”行为入纪为惩治该行为提供了法规依据，彰显了党中央清除伪装分子、净化政治生态的坚定决心和鲜明态度。

二、“两面人”违纪行为构成要件

违纪主体。一般党员均可构成，从行为危害性看，主要聚焦党员领导干部这一“关键少数”。

违纪主观方面。主要表现为故意，即违纪主体知道或者应当知道自己伪装、表演行为会产生辜负组织信任、欺骗群众等后果，仍然坚持实施，过失不构成本错误。

违纪客体。党员背离对党忠诚老实、言行一致要求，以及消减群众对党员干部政治品行的信任度。

违纪客观方面。主要表现有以下几个方面：一是人前廉洁模范，人后肆无忌惮。如有的党员领导干部说起腐败义正词严，深恶痛绝，将自己精心打造成清廉正派“好干部”形象，私下却贪得无厌、来者不拒。二是台上谈纪律规矩，台下自行其是。如有的干部张口请示、闭口报告，背地里却不以为然、自由散漫。三是镜头前道貌岸然，无人处品德败坏。如有的干部标榜自己品行高尚，经常访贫问苦、关心群众，私底下毫无群众意识，特权思想严重。四是抬头讲主义，低头搞诡计。如有的干部说起马列主义头头是道，谈起党性修养面面俱到，私底下“小动作”不断，制造流言、破坏风气。五是人前淡泊名利，人后沽名钓誉。如有的党员到处标榜自己党性强、境界高，私下争荣誉、要地位，稍不如意就牢骚满腹、发泄不满。

三、认定本违纪行为需要注意的几个问题

一是要准确把握违纪本质和范围。虽然任何一种故意违纪违法行为归根到底都是对党不忠诚不老实，但《条例》规定的对党不忠诚不老实、“两面人”行为具有特定的范围，主要指那些“表演”特征明显，平时以“忠诚干净”“清正廉洁”形象示人的党员领导干部，案发后形象颠覆性反差带来较大负面影响。对一般性心口不一、讲做分离行为或者口碑一般的干部，不宜认定为“两面人”行为。此外，如果“两面人”行为同时触犯《条例》其他条款，构成其他违纪行为的，应依据《条例》第二十四条规定，按处分较重条款处理。

二是取证工作要表里兼顾。一方面，要注意搜集相关党员本人交代、相关会议讲话稿、在场人员证言、视频资料、日常表现、荣誉表彰等证据，固定其“忠诚老实、清正廉洁”“表”的方面证据。另一方面，通过已查实的违纪违法证据，尤其是案发后所在单位职工、社会公众反映等证言，印证其欺上瞒下、善于伪装及后果等“里”的方面证据。此外，由于本违纪行为系 2018 年《条例》新增内容，故发生在 2018 年 10 月 1 日之前、未持续到 10 月 1 日后的行为，不宜作违纪评价，但可作情节考量。

四、与类似违纪行为的比较

1. 与对抗组织审查行为的比较。两者存在较大区别：一是从主观故意看，对抗组织审查行为目的是破坏、干扰调查工作，以达到逃避处理的目的。而“两面人”行为大多具有“表演”“作秀”故意，一般没有对抗审查目的。二是从发生的时间看，对抗组织审查行为大多发生在审查调查前后等特殊时间节点，而“两面人”行为一般发生在日常工作、生活中。三是从表现形式看，对抗组织审查行为表现为串供、伪造证据、转移赃物等形式，通常需要他人配合才能完成，而“两面人”行为带有“自弹自唱”表演性质。

2. 与违反政治规矩行为的比较。忠诚老实、言行一致也是政治规矩的要求，两者区别在于条规适用上遵从特殊优于一般的原则，“两面人”行为是特殊条规，因此优先适用该条规。

（许　展　安徽省纪委监委案件审理室）

（原载于《中国纪检监察报》2019 年 8 月 21 日）

4. 如何鉴别“两面人”违纪行为

典型案例

张某，中共党员，A 市某国有公司党委书记、董事长。张某在担任该国有公司党委书记、董事长期间，大讲党风廉政建设，经常在党委会、民主生活会、述责述廉等会议上讲忠诚、干净、担当，表面上严格落实全面从严治党要求，亲自主持制定公司廉洁工程建设实施办法，严禁任何人打着他的旗号插手工程项目招投标，多次声称拒收他人所送财物，伪造清正廉洁形象。

经审查调查，张某在负责公司工程项目建设期间，利用“一把手”决策权大搞权力寻租，无视纪律和法律法规规定，频繁插手、干预工程项目招投标，收受巨额财物，涉嫌受贿犯罪；在组织就有关工程招投标问题多次对其函询时，不但不珍惜组织给的机会，反而满口谎言，用外表“清正廉洁、秉公办事”掩盖其违纪违法、腐化变质的本质。

处理意见

本案的焦点是张某的行为在涉嫌受贿犯罪的同时，是否应当认定其违反政治纪律和政治规矩，搞两面派，做两面人。

第一种意见认为：张某重视党风廉政建设、营造清正廉洁形象，是为了掩盖其违纪违法问题，对其全部行为按照涉嫌受贿犯罪作单一评价即可，无须在党纪层面单独作出评价。

第二种意见认为：张某满口谎话，用外表“清正廉洁、秉公办事”掩盖其违纪违法、腐化变质的本质，搞两面派，做两面人，构成违反政治纪律的行为。

评析意见

笔者赞同第二种意见，可从以下角度对张某的行为进行分析。张某行为既符合权钱交易的受贿犯罪构成，也符合“搞两面派，做两面人”的违反政治纪律和政治规矩构成，虽然系同一行为，但犯罪和违纪评价的角度和依据不同，因此按照“纪在法前、纪严于法”的要求，应当在认定其涉嫌受贿犯罪的同时认定其违反政治纪律和政治规矩。

一、张某表面伪装忠诚、清廉，具有很强的欺骗性

张某在人前高唱理想主义，表面上装作勤奋敬业、公道正派，貌似忠诚老实、朴素正直，长期用假象欺骗组织、蒙蔽群众，挖空心思搞廉政制度，用外表“清正廉洁、秉公办事”掩盖其违纪违法、腐化变质。通过审查调查发现，该公司党风廉政建设表面“热热闹闹”“轰轰烈烈”，实则党组织生活不健康、不正常，张某长期独断专行，大搞“一言堂”，“三重一大”制度成为摆设，“一岗双责”落实不到位，“层层抓落实”机制不健全，二级、三级公司党组织对全面从严治党和党风廉政建设不够重视，工作中满足于部署强调、开会发文、签责任状等表面文章，没有真抓到底，全面从严治党治企氛围没有真正形成。

二、张某背地大搞腐败，污染政治生态，损害党的干部队伍形象

张某表里不一，说一套、做一套，前门当官、后门开店，主动选择围猎者，与私营企业主称兄道弟、沆瀣一气，扶植代理人充当敛财“白手套”，频繁插手干预工程项目招投标，利用工程项目招投标决策权疯狂敛财，对企业老板给予的购物卡、银行卡、金条等礼品礼金来者不拒。会上讲纠“四风”、会下搞歪风。张某的两面人、两面派行为，给党群干群关系、单位政治生态造成严重影响，导致班子成员和中层干部存在与商人关系不清不白、介绍项目等问题。工作作风、生活作风不严谨，一些党员干部享乐主义、奢靡之风盛行，生活相互攀比、贪图享受，有的党员干部纪律规矩意识不强，破纪破法问题多发，政治生态污染严重。

三、张某背离初心使命，对党不忠诚不老实

对党忠诚是党员干部在政治上合格的基本标准，党章明确要求党员必须“对党忠诚老实，言行一致”。张某善于隐藏、欺骗，不愿意接受组织监督，把自己游离于组织监督之外，只有身份还留在组织，但心灵深处却对组织没有认同感。在组织就有关工程招投标问题对其函询时，不如实说明问题，不珍惜组织多次给予的教育挽救机会，满口假话，背离初心使命，是典型的两面派，更是对党组织的不忠诚不老实。

综上，笔者认为，张某的行为应适用《中国共产党纪律处分条例》第五十一条，“对党不忠诚不老实，表里不一，阳奉阴违，欺上瞒下，搞两面派，做两面人，情节较轻的，给予警告或者严重警告处分；情节较重的，给予撤销党内职务或者留党察看处分；情节严重的，给予开除党籍处分”。张某的上述行为违背党员义务，损害党和人民利益，涣散党的组织、严重影响党的形象，危害很大，应按违反政治纪律予以严肃处理。

在查办案件的过程中，如何准确运用好政治纪律和政治规矩这把尺子，确保不枉不纵、恰如其分，既能反映问题的本质，又实事求是，不随意拔高或降低，需要很高的政策把握能力。案件审理部门肩负着审核把关和监督制约的职责任务，必须增强政治能力，用好政治纪律的尺子。工作中，要把审核处理违反政治纪律和政治规矩问题放在首要位置，做到心中有政治、眼中有政治、笔中有政治。要保持政治敏锐性和鉴别力，在纷繁复杂、表现各异的违纪事实表象中，将违反政治纪律和政治规矩的问题准确鉴别出来，既察其表、更析其里。要善于从政治立场、政治方向、政治原则、政治道路上查找问题，将严明政治纪律和政治规矩落实到具体人和事，将政治思维与法治思维贯通起来，坚持实事求是，准确甄别事实证据、准确认定性质和责任。

（杨庆坤　山东省青岛市纪委监委案件审理室）

（原载于《中国纪检监察报》2020 年 6 月 3 日）

5. 其他对抗组织审查行为辨析

典型案例

周某，中共党员，某县副县长。2018 年 10 月，周某收受私营企业主张某 1 万元礼金。2019 年 3 月，张某被组织谈话后，周某向张某打听谈话内容，张某告知其已向组织交代了给予周某礼金的事实。2019 年 7 月，周某得知自己因其他问题被他人举报后，3 次主动给县委主要负责同志写信，违背事实“解释”举报事项，并以群众的名义多次匿名向组织部及纪委邮寄“表扬信”，对自己的工作及口碑给予“高度评价”。2019 年 9 月，周某被立案审查调查并被采取留置措施。

处理意见

对于该案例中周某的行为应如何定性，主要存在三种意见。

第一种意见认为：周某向涉案人员打听谈话情况、向组织解释举报反映的问题，不属于《中国共产党纪律处分条例》（以下简称《条例》）规定的对抗组织审查行为具体表现形式，不能认定为违纪。

第二种意见认为：周某打听谈话情况、编造“表扬信”等行为，虽然有逃避审查目的，但对抗性不强，未对审查工作产生实质影响，不宜认定为对抗组织审查，但可作为情节和态度考量。

第三种意见认为：周某主观上具有对抗组织审查的故意，客观上实施了对抗审查行为，干扰了审查工作，应当依据《条例》第五十六条第（五）项“有其他对抗组织审查行为的”予以处理。

评析意见

笔者赞同第三种意见。

对党忠诚老实，是每一名党员、干部的基本准则。为体现“党纪严于国法”党内审查特色，强化对党忠诚老实意识，2015 年《条例》第五十七条将串供、伪造证据等认定为对抗审查行为。同时，为防止“挂一漏万”，将其他对抗组织审查行为作为兜底。2018 年《条例》第五十六条延续了上述规定。

从党的十八大以来查处的典型案例看，少数违纪违法分子仍然执迷不悟，耍花招，干扰、破坏审查工作。近年来，除了串供、隐匿证据等典型对抗审查行为外，对抗审查行为出现了隐形变异新动向。精准甄别、坚决查处此类行为，有利于唤醒被审查人忠诚老实意识，进一步提升审查工作质效。

一、其他对抗审查行为特征

一是手段日趋隐蔽。有的行为人具有较强的“反审查”意识，甚至曾经长期从事审查调查、侦查等相关工作，与串供、伪造证据等典型对抗审查行为相比，精心设计、多方谋划的其他对抗审查行为具有更强的隐蔽性，往往需要敏锐的调查嗅觉和细致的审查工作才能发现。同时，由于《条例》未列举其他对抗审查行为的具体表现，对此类行为认识上存在分歧，实践中做法不一，一定程度上影响了执纪精准度。

二是参与人员广泛。典型的对抗审查行为参与对象一般为亲属、涉案人员等特定人员，其他对抗审查行为表现出更为广泛的参与度。有的邀请政法、纪检监察专业人士出谋划策，有的安排背景复杂的社会人员妨碍审查，参与对抗审查人员身份多样化、复杂化。

三是后果影响更大。与串供等传统对抗审查行为相比，其他对抗审查行为依托其隐蔽性特征往往给审查工作带来更多的干扰和破坏。有的对抗审查行为因参与人员较多、涉及范围较广，导致违纪违法行为知悉范围不断扩大，造成不良影响。

二、坚持主观与客观相结合认定其他对抗审查行为

要坚持主观与客观相结合，牢牢抓住“对抗性”本质，精准认定其他对抗组织审查行为。一方面，要判断行为人主观上是否存在对抗故意。主要是直接故意，即明知自己的行为可能会对审查工作产生干扰、妨碍影响，仍然积极实施相关行为。判断行为人主观状态，要坚持实质标准，即便被审查人不承认其存在干扰、妨碍审查工作的故意，也可结合行为的表现形式、影响、后果及日常生活经验等因素综合判断。另一方面，从客体来看，行为人的行为是否违反了对党忠诚老实的义务。其他对抗审查行为具有一定的对抗性，对审查工作可能产生一定的干扰、妨碍。但并不要求必须已经产生实质性影响，只要对审查工作产生可能、潜在的干扰影响即可构成。关键还是看行为有无侵犯对党忠诚老实的政治纪律。

三、其他对抗审查行为主要表现形式

一是打听案情，有针对性采取措施。如案例中所列情形，个别被审查人向涉案人员、相关工作人员打听组织谈话、调取证据等情况，推测审查方向和重点，有针对性地

采取相关措施。

二是授意涉案人员逃跑。有的被审查调查人得知组织在外围调查，便要求行贿人、知情人等涉案人员外出“避风头”。有的被审查调查人接受组织约谈后，拒绝组织挽救，多次编造出差、身体不佳等理由拒不到案甚至潜逃，情节严重的，可构成对抗组织审查。

三是模拟审查调查谈话等取证措施。有的被审查调查人为逃避惩处，向熟悉法律、纪检监察工作等人员“咨询”政策、寻求对策。有的通过模拟组织巡视巡察、审查谈话等方式，研究审查谈话技巧、取证方式，寻找应对之策。

四是安排人员跟踪、收买甚至威胁办案人员。有的被审查调查人安排人员盯梢办案人员，试图掌握办案人员行踪。有的企图以金钱等利益收买办案人员。有的威胁、报复办案人员。还有的采取自残等极端方式妨碍审查工作。

四、认定其他对抗审查行为注意事项

一是坚持精准识别，避免认定泛化。虽然对抗组织审查行为系常见类型错误，但属于违反政治纪律范畴，在认定时更应从严把握、慎之又慎，不宜随意扩大范围。此外，对本能的辩解行为，以及案发前后因迫于压力向行贿人、送礼人退还违纪违法所得行为（转移赃物或假意退赃行为除外），均不宜认定为对抗审查行为。

二是同时构成其他违纪行为择一重处理。其他对抗审查行为中，如多次欺骗组织后潜逃，打击、报复检举人、证人或办案人员，均可能同时违反组织纪律，属于想象竞合，可根据《条例》第二十四条规定，依照处分较重的条款定性处理。

三是注意行为的发生时间。对发生在2016年1月1日以前，且未连续或持续到2016年以后的对抗审查行为，鉴于2003年《条例》未将对抗审查行为作为独立的违纪行为，对此类行为不宜认定为违纪，可依据2003年《条例》的规定，作为从重、加重情节。

（许　展　安徽省纪委监委）

（原载于《中国纪检监察报》2020年2月5日）

6. 如何认定履行“两个责任”失职行为

典型案例

刘某，某县委书记；阳某，该县纪委书记；陈某，该县公安局党委书记、局长。2016 年 8 月至 2018 年 10 月期间，该县 20 多名党员干部在本地某茶楼参与打牌赌博，赌资数额巨大；多名领导干部投资入股该茶楼，持续时间长、涉赌金额大，严重败坏党风政风，影响社会风气。县委书记刘某对本县多名领导干部长期参与赌博问题失察，虽然上级有关部门多次向该县交办了有关干部打牌赌博问题线索，但刘某认为这是当地“习俗”，一直对这个问题采取宽容态度，睁一只眼闭一只眼，没有采取切实有效的整改举措。县纪委虽然认识到当地干部聚众打牌赌博的严重性，但是采取和稀泥的办法，对上述问题未及时查处。该县公安局查禁赌博不力，且该局有 2 名中层干部涉案。

处理意见

本案的焦点是刘某、阳某、陈某是否违反了党的纪律，以及构成何种违纪行为。

评析意见

党章要求，强化管党治党主体责任和监督责任。2018年10月1日施行的《中国共产党纪律处分条例》（以下简称《党纪处分条例》）将履行全面从严治党主体责任和监督责任失职行为从工作纪律调整至政治纪律，体现了全面从严治党的进一步深化。

一、准确认定刘某、阳某、陈某的违纪行为

本案中，刘某作为县委书记，对本县多名领导干部长期参与赌博问题失察，没有切实履行全面从严治党主体责任，造成恶劣影响，违反了党的政治纪律，构成《党纪处分条例》第六十七条规定的履行全面从严治党主体责任不力行为。阳某作为县纪委书记采取和稀泥的办法，对党员干部赌博问题未及时查处，违反了党的政治纪律，构成《党纪处分条例》第六十七条规定的履行全面从严治党监督责任不力行为。陈某作为公安局党委书记、局长，在党的工作中不履行或者不正确履行职责，违反了党的工作纪律，建议按照《党纪处分条例》第一百三十三条追究其党纪责任。

二、2018 年《党纪处分条例》对“两个责任”规定的变化

1. 纪律类别发生了变化。2018 年 10 月 1 日施行的《党纪处分条例》将履行全面从严治党主体责任和监督责任失职行为由工作纪律调整至政治纪律，充分体现了党章的要求，体现了新时代党的建设的要求，必将进一步推动各级党组织切实承担全面从严治党的政治责任，把党的领导体现到日常管理监督中，对本地区本单位的政治生态负责。

2. 违纪主体发生了变化。2015 年《党纪处分条例》规定该行为的违纪主体只能是“党组织”，具体责任承担者是“直接责任者”和“领导责任者”。2018 年《党纪处分条例》扩大了违纪主体，既包括党组织也包括个体。领导干部没有承担好职责范围内的主体责任和监督责任，可以直接依据该条款追究党纪责任。这增强了条款的针对性和可操作性，也对领导干部落实好“两个责任”提出了更具体要求。

3. 违纪内容表述发生变化。2015 年《党纪处分条例》表述为“党组织不履行全面从严治党主体责任”，当时强调纪委履行的监督责任是党委落实主体责任的一个重要方面，

没有再单独规定监督责任。2018 年条例修订，将其表述为“不履行全面从严治党主体责任、监督责任”。这严格遵循了党章关于“落实管党治党主体责任和监督责任”的规定，同时突出了纪委承担的监督责任的重要性，表述更加科学，更加便于执行。

4. 违纪后果的表述发生变化。2018 年条例规定“给党组织造成严重损害或者严重不良影响”，增加的“党组织”三字，更强调了该行为对党组织造成了损害和影响，更加突出了党内法规特色。

三、准确认定履行全面从严治党主体责任、监督责任失职行为

1. 本违纪行为在客观方面表现为：全面从严治党不力，对本地区本单位党的建设疏于管理或者放任不管，主体责任、监督责任落实不到位；管党治党失之于宽松软，好人主义盛行，不负责、不担当、不作为；党内监督乏力，该发现的问题没有发现，发现问题不报告不处置、不整改不问责，造成了严重损害或者严重不良影响等行为。实践中，对造成的损害或影响应当从政治上进行考量，综合相关负责人的身份、具体言论和行为、造成的后果以及所在单位的政治生态情况等，进行综合分析研判。

2. 追究党纪责任时，应当分清主体责任和监督责任、集体责任和个人责任、直接责任和领导责任。追究集体责

任时，应按照《党纪处分条例》第三十七条规定，区分违纪行为的有关责任人员。另外，追究领导责任时，按照责任追究情形发生的时间确定领导责任。

3. 纪法衔接问题。注意该违纪行为与我国《刑法》第三百九十七条规定的玩忽职守罪、滥用职权罪的区别。如果党员干部不履行或者履行全面从严治党主体责任不力，导致公共财产、国家和人民利益遭受重大损失，相关直接责任者和领导责任者则可能涉嫌构成玩忽职守或滥用职权犯罪，应依据纪法衔接有关条款处理。

（王希鹏　中国纪检监察学院）

（原载于《中国纪检监察报》2018 年 10 月 10 日）

7. 为胞弟购房要求他人居间说情“打折”怎样定性

典型案例

王某，女，中共党员，A 县政府原副县长。2017 年，时任 A 县政府副县长的王某为该县“多馆合一”建设项目责任领导。商人邢某请托王某帮忙承揽该建设项目，王某表示同意。不久，王某和其胞弟王某某到 B 房地产公司售楼处看中一套总价为 280 万元的房子。王某让邢某帮忙说情打折。邢某找到朋友 B 房地产公司总裁欧某帮忙，欧某给予该套房产最高权限优惠九四折（优惠 16.8 万元）。邢某将情况反馈王某后，王某仍不满足，继续要求邢某在此基础上再少四五十万元。随后，邢某又找到欧某，表示在九四折基础上自愿出 50 万元左右帮王某某购房。最终房地产公司将该套房产以 217 万元的价格销售给王某某。王某某实际享受购房优惠 63 万元，其中 46.2 万元由邢某转账给欧某用于公司内部结算。事后，王某得知邢某为王某某在九四折优惠的基础上另支付近50万元。此后，王某未帮助邢某承揽到“多馆合一”建设项目，但承诺以后有其他项目会关照邢某。

处理意见

本案中，对王某如何定性处理，存在三种不同意见。

第一种意见认为：王某的行为既不构成违纪，也不构成受贿罪。理由是：现实生活中购房找熟人说情打折是人之常情，王某找邢某说情打折的行为不具有违纪处罚性。王某某享受的购房优惠是B房地产公司自愿给予的，符合民事活动平等、自愿原则。王某本人没有享受购房优惠，也没有帮助邢某承揽到建设项目，不具备国家工作人员“非法收受他人财物”“为他人谋取利益”等受贿罪的构成要件。

第二种意见认为：王某的行为虽不构成受贿罪，但是构成严重违纪。不构成受贿罪的理由同第一种意见。构成违纪理由为：王某利用职务之便，通过管理服务对象的帮助，为其特定关系人谋取利益，侵犯职务行为的廉洁性，违反廉洁纪律，违纪所得为王某某实际享受购房优惠63万元。

第三种意见认为：王某的行为既构成违纪，又构成受贿罪，应分别处理。构成违纪的理由同第二种意见。构成受贿罪理由为：根据相关司法解释，王某的行为符合由特定关系人通过房产交易的方式受贿。由B房地产公司给予九四折的购房优惠16.8万元为违纪所得，由邢某支付低于九四折的购房差价款46.2万元为受贿所得，应分别收缴违纪所得和追缴受贿所得。

评析意见

笔者赞成第三种意见。本案中，王某通过管理服务对象而非直接与房地产商商谈打折事宜，其行为显然不是正常的民事行为，不符合民事行为平等、自愿原则，违反公职人员廉洁从政的规定，具有违纪处罚性。王某要求管理服务对象向房地产商说情，是基于其职权和地位影响，获取的折扣优惠明显超出市场交易习惯，具有权钱交易性质。

一、王某获取折扣优惠的条件符合受贿罪的“利用职务上的便利”

本案中，王某的违纪违法行为分为三个阶段。第一阶段，王某承诺为邢某谋取利益，此时，王某对邢某有求于其职权是明知的，但对于是否通过其职权获得相应的对价还不得而知。第二阶段，王某先后两次要求邢某为其胞弟王某某购房说情打折。这已经表明王某有通过其职权获取相应对价的直接故意，但对于所获对价是否由请托人邢某支付存在放任态度。第三阶段，王某事后知道邢某为王某某支付购房差价款后，过问邢某是否承揽到“多馆合一”项目，并承诺以后有其他项目会关照邢某。此时，足以判定王某明知财物是邢某支付，并持希望权钱交易结果发生的态度，符合受贿罪“利用职务上的便利”的构成要件。

二、王某获取折扣优惠的性质属于受贿罪的“收受他人财物”

实践中，行为人“收钱”的表现形式复杂多样，有直接收受财物的，也有通过投资、交易、特定关系人等方式变相收受财物的。万变不离其宗，只要行为人最终收受的“财物”与其“职权”产生对价关系，即符合受贿罪“收受他人财物”的构成要件。通过梳理发现，本案行贿人是邢某而非 B 房地产公司，贿赂行为通过欧某的帮助以 B 房地产公司销售房产的方式完成，此时的贿赂款变成了购房优惠（财产性利益），并由王某某实际获得。王某某在九四折基础上享受的购房优惠 46.2 万元由邢某直接支付，根据“两高”《关于办理受贿刑事案件适用法律若干问题的意见》相关规定，王某某是王某的特定关系人，王某某获得的财产性利益应认定为王某收受的财物。

三、王某获取折扣优惠的同时也“为他人谋取利益”

根据我国《刑法》规定，索取型受贿不以“为他人谋取利益”为构成要件，王某利用职务之便，主动向邢某提出再少四五十万元，这一要求明显超出平等主体的协商范围，更主要基于双方的管理和被管理的关系，其行为构成索取型受贿罪无疑。退一步说，即使王某的行为不构成索贿，根据“两高”《关于办理贪污贿赂刑事案件适用法律若干问题的解释》第十三条的规定，“具有实际或者承诺为他人谋取利益的、明知他人有具体请托事项”等行为的，均可认定为“为他人谋取利益”。王某承诺为邢某承揽建设项目提供帮助，系明知他人有具体请托事项而予以承诺的行为，应认定王某利用职务之便，为他人谋取利益，构成收受型受贿罪。

四、准确计算折扣优惠型受贿的犯罪数额

本案中，王某某实际获得购房优惠 63 万元，其中 46. 2 万元由邢某支付，16. 8 万元系房地产公司优惠让利，那么，王某受贿数额究竟是多少？根据“两高”《关于办理受贿刑事案件适用法律若干问题的意见》规定，以交易形式非法收受请托人财物的，受贿数额按照交易时当地市场价格与实际支付价格的差额计算。根据 B 房地产公司内部价格折扣，涉案房产最高只能优惠至九四折，即九四折是房地产公司底价，根据“有利于被告人”原则，应就低认定九四折的房产销售价格为“当地市场价格”。据此，王某受贿数额是低于九四折的购房差价款 46.2 万元。

五、处理好本案中违纪数额和犯罪数额的关系

本案中，王某通过管理服务对象邢某的帮助，为王某某谋取购房优惠，违反了 2015 年《中国共产党纪律处分条例》第八十条规定，违规所得 63 万元应予收缴。但是，王某的行为已构成受贿犯罪，按照《刑法》相关规定，邢某支付的 46.2 万元应评价为受贿数额。为避免重复评价，应准确使用纪律和法律两把尺子，将九四折内的购房优惠 16.8 万元作违纪处理，并予以收缴。

（杜　雷　海南省纪委监委驻省发改委纪检监察组，汤　畅　海南省昌江县纪委监委）

（原载于《中国纪检监察报》2022 年 12 月 28 日）

8. 高校“双肩挑”人员兼职取酬行为的认定

典型案例

张某，中共党员，A 省省属高校 H 大学副校长，二级教授。2019 年 6 月退休。2020 年 1 月至今，张某在向 H 大学党委报告并经同意后，到 B 省某民办高校 W 学院兼任副院长，合同约定年薪 15 万元。H 大学与 W 学院无业务往来、合作办学事宜等。W 学院副院长年薪 13 万元至 18 万元不等。

处理意见

本案中对于张某的行为是否构成违纪产生了不同意见。

第一种意见：张某违反了廉洁纪律，属于违规兼职取酬行为。

第二种意见：张某退休后利用其专业技术特长兼职获利，且按规定履行报告程序，不构成违纪行为。

评析意见

党的十八大以来，为进一步规范党员领导干部兼职取酬，中央组织部先后出台《关于进一步规范党政领导干部在企业兼职（任职）问题的意见》（以下简称《意见》）和《关于规范退（离）休领导干部在社会团体兼职问题的通知》（以下简称《通知》）等，并先后在 2016 年第 15 期、第 33 期《组工通讯》上刊发《关于规范现职党政领导干部在社会团体兼职等有关问题的问答》《关于改进和完善高校、科研院所领导人员兼职管理有关问题的问答》（以下简称《问答》）。但前述文件对案例中的情况未作明确规定，并且实践中对《关于深化人才发展体制机制改革的意见》及《关于支持和鼓励事业单位专业技术人员创新创业的指导意见》（以下简称《指导意见》）有不同理解，故对非中管事业单位“双肩挑”人员退休后兼职取酬行为性质的认识也不统一。就案例中张某的行为定性，笔者倾向于同意第二种观点，即对张某兼职取酬不作违纪评价。下面笔者以本案为例，试述如何准确甄别该类行为性质。

第一，从程序看是否履行审批备案手续

“工作中重大问题和个人有关事项必须按规定按程序向组织请示报告”，是《关于新形势下党内政治生活的若干准则》明确规定的重要组织原则。《意见》分三种情形作了区别性规定，总体精神是对在职的党员干部的要求严于退休的、退休不满三年的严于退休满三年的；《通知》原则性规定“须按干部管理权限审批或备案后方可兼职”。第 33 期《问答》针对“在职的”高校、科研院所领导人员兼职管理有关问题作了进一步解读，同时规定“除中央管理的干部外，高校、科研院所领导班子成员中的‘双肩挑’人员、所属的院系所和内设机构领导人员不担任领导职务后，其兼职可不再按照领导人员管理”。从文义上看，对尚未办理退休手续但已不担任领导职务，以及已退休的高校“双肩挑”人员的兼职不再按照“领导人员”管理。案例中张某已不再属于“领导人员”，其兼职不再需要报 A 省组织部门批准或备案，张某履行了向 H 大学党委报告程序并经同意后才兼职，在程序上符合相关要求。

第二，从工作看是否属于“领域相关”范围

第 33 期《问答》对高校领导干部的兼职限制较为宽松，但对所兼任职务与其本职工作之间的关系提出了要求，即领导班子正职及其他班子成员经批准可兼任“与本单位或者本人教学科研领域相关的社会团体和基金会等职务”，对其他领导干部笼统要求“支持他们兼任与其工作或教学科研领域相关的职务”。对于专业技术人员，《指导意见》规定“支持和鼓励事业单位专业技术人员到与本单位业务领域相近企业、科研机构、高校、社会组织等兼职”。需要注意的是，教育管理人员的治学办学理念本身也属于专业技术范畴，在国务院政府特殊津贴人员的选拔中就将“教育专家”纳入专业技术人员范围。对于“教学科研领域相关”的理解较为简单，如案例中张某退休后到W学院兼职工作仅为专业课程教学，对该行为不作违纪评价没有认识分歧。但对“本单位业务领域相近”的理解容易产生分歧，对此要从原任和兼职单位业务领域是否相近、具体工作内容是否相近等综合判断。案例中，张某退休后到W学院兼任副院长，负责学院日常行政和教学办学管理工作，虽不从事具体课程教学或学科科研任务，但其原任职务与兼职职务在工作内容上基本一致，且两校的办学方向均为高等职业教育方面，即可以认定属于“工作相关职务”范畴。

第三，从实质看是否存在履职冲突

加强对领导干部兼职取酬的规范和管理，政策初衷是保证领导干部“廉洁履职”和“勤勉履职”。关于“廉洁履职”，《中国共产党纪律处分条例》第八十五条第一款规定已明确，即党员干部必须正确行使人民赋予的权力，清正廉洁，反对任何滥用职权、谋求私利的行为。关于“勤勉履职”，《意见》《通知》均规定“兼职不得超过1个”；第33期《问答》规定“高校、科研院所领导人员不能因为兼职影响其应履行的职责”，“兼职数量一般不超过3个”。据此，对高校“双肩挑”人员退休后的兼职可以从前述两个方面把握。案例中H大学与W学院无业务往来、合作办学等，且张某已退休，即张某的兼职对其廉洁履职和勤勉履职不存在冲突。

第四，从报酬看是否符合市场合理水平

高校领导人员兼职是否可以领取薪酬，第33期《问答》对高校现职的领导干部作了明确规定，简单概括即“高校正职及班子其他成员经批准可兼职，但不得领取薪酬”，“所属的院系所及内设机构领导人员经批准兼职的，兼职报酬全额上缴本单位，由单位根据实际情况给予适当奖励”；但对已退休高校领导人员能否领取薪酬及分配办法未作规定。《关于进一步发挥离退休专业技术人员作用的意见》强调“要按照平等协商、报酬合理的原则，通过合同方式明确双方的权利和义务”。即，明确了运用市场方式调节人才资源的价值。在执纪实践中，可以综合兼职人员的工作量、实绩贡献、同期市场薪酬待遇水平等进行综合判断是否“超出正常水平”。案例中张某领取的薪酬与W学院其他副院长薪资水平相当，并未超出合理水平。

综上，对高校“双肩挑”人员的兼职取酬，不能简单套用党政机关领导干部的规定，要充分领悟相关政策初衷，精准监督执纪，实现“三个效果”有机统一。同时，建议有关部门进一步完善制度、细化规定，最大限度激发和释放人才创新创造创业活力。

（胡　凯　安徽省纪委监委）

（原载于《中国纪检监察报》2022年1月12日）

9. 王某行为应如何定性

典型案例

王某，安徽省滁州市经开区某派出所民警，中共党员，负责辖区内治安管理和外来人员居住证办理等行政事项。因工作关系与辖区内甲公司（私营企业）法定代表人汤某相识。

2017 年 8 月至 2018 年 1 月，工程承建商李某（王某的老乡）因工程建设资金短缺多次主动找王某借款共计 59 万元，双方口头约定年利率 24%。

2018 年 5 月，李某得知甲公司准备建设厂房，请王某帮助协调承接此工程。王某为让李某通过承接工程获利以便尽快偿还借款和支付利息，出面要求汤某将工程项目交由李某承接。汤某考虑到公司相关治安及行政管理事项均需王某帮助，便予以同意。2018 年 10 月，李某请王某在资金上给予支持，承诺工程获利后会偿还借款并按约定支付利息，并分给王某工程利润。王某后期个人垫资 20 万元用于购买建筑材料，并又借给李某 90 万元（约定年利率 24%），用于工程建设。经查，王某借给李某的共计 149 万元大都是从其亲戚和同事处所借，并按照 12%的年利率向他们支付利息。2019 年 4 月，工程项目竣工。至案发，李某仅偿还王某 15 万元借款，未支付任何利息，也未付给王某任何工程利润。

处理意见

本案中对王某的行为应如何定性，存在三种意见。

第一种意见认为：王某违反廉洁纪律，违规从事工程项目建设；违反工作纪律，违规干预和插手市场经济活动。

第二种意见认为：王某违反廉洁纪律，违规高息借贷，违规从事工程项目建设。

第三种意见认为：王某违反廉洁纪律，利用职权为其特定关系人经营活动谋取利益，违规从事工程项目建设。

评析意见

该案中，对王某属于违规从事工程项目建设的定性没有争议，争议主要在于王某的其他行为应当如何定性，以及李某是否属于特定关系人。

经研究，笔者倾向于第三种意见。

一、王某不符合违规干预和插手市场经济活动的违纪主体

第一种意见认为，王某利用其对甲公司的行政管理职权，要求甲公司法定代表人汤某将工程项目交由李某承接，属于干预和插手建设工程项目承发包的违纪行为。首先，王某虽有要求甲公司负责人将工程项目交由李某承接的行为，但对照其行为时适用的 2015 年《中国共产党纪律处分条例》（以下简称 2015 年《纪律处分条例》）第一百一十八条，该条规定的违纪主体为“党员领导干部”，王某作为派出所普通民警，显然不符合该违纪行为的主体要件。其次，该条强调的主要是非谋私的不当行使公权力干预市场经济的行为，而本案中王某在干预市场经济行为的背后存在着谋私的意图，适用廉洁纪律相关条款更为适宜。

二、王某的行为不构成违规高息借贷

第二种意见认为，2018 年《纪律处分条例》第九十条第二款对违规高息借贷作出明确规定，“通过民间借贷等金融活动获取大额回报，影响公正执行公务的”，王某行为实质是以借贷等金融活动方式从事营利活动，获取大额回报，并且影响了公正执行公务。笔者认为此意见不妥，理由如下：一是本案中王某共计借款给李某 149 万元，口头约定

年利率24%，该借款利率并未超出《最高人民法院关于审理民间借贷案件适用法律若干问题的规定》中受法律保护的36%年利率，且王某出借款项大部分是从其亲戚和同事处所借，需按12%的年利率向出借人支付利息，王某实际能获得的年利率仅为12%；二是李某因缺少工程项目建设资金主动向老乡王某借款，具有正当实际的借款需求；三是王某主观上虽具有谋利的目的，但实际并未谋取到任何利益，即未通过民间借贷谋取到大额回报。

综上，王某行为不宜认定为违规高息借贷。

三、王某的行为构成利用职权为其特定关系人经营活动谋取利益

本案中，李某系王某的特定关系人。《中共中央纪委关于严格禁止利用职务上的便利谋取不正当利益的若干规定》第六条对“特定关系人”作出规定，是指与国家工作人员有近亲属、情妇（夫）以及其他共同利益关系的人。而“其他共同利益关系的人”中，“其他共同利益关系”主要是指具有共同的经济利益关系或其他方面的利益关系。

本案中王某借款给李某，李某允诺给予王某利息，王某帮助李某介绍工程，目的也是希望李某通过承接工程获利后能及时偿还其借款及支付利息，王某与李某之间明显存在共同的经济利益关系。王某基于对甲公司的行政管理职权，要求汤某将工程交由李某承接，汤某考虑到王某为公安干警，公司相关治安及行政管理事项均需王某帮助，且为了感谢王某在公司外来员工居住证办理方面给予的帮助，便将本应交由其他公司承接的项目交由李某承接。王某的行为符合2015年《纪律处分条例》第八十八条第二款规定的利用职权，为其他特定关系人的经营活动谋取利益。

四、需说明的问题

1. 认定违规高息借贷应考虑几个问题。违规高息借贷是2018年《纪律处分条例》中新增加的违纪行为，对该违纪行为定性时，应主要考虑：借款人是否为出借人的管理和服务对象；借贷双方约定借款的利率是否明显超过当地群众对外借款的正常利率；借款人有无正当的借款理由；出借人有无实际获取大额回报；出借人借款给他人，有无影响到其公正执行公务等。

如果出借人利用职权或职务上的影响为借款人谋取利益，以借款名义来收取高额回报，应考虑涉嫌受贿犯罪。此外，根据2019年10月“两高两部”《关于办理非法放贷刑事案件若干问题的意见》，此类行为还可能涉嫌非法经营罪。

2. 王某行为不宜认定受贿未遂。本案中，王某基于李某请托，利用职权为李某在工程项目承揽方面谋取利益，李某也承诺在工程获利后给予其利润，但由于工程未结算，致使李某至案发时未给予王某任何工程利润。王某行为表面上看似符合受贿未遂的某些特征，但基于犯罪主客观相一致原则，王某利用职权帮助李某承揽工程项目时，主观上只是希望通过为李某介绍工程，使李某获利后能及时偿还借款和支付约定的利息，而不是出卖国家公权力去换取李某送他财物，因此不能认定王某构成受贿未遂。

（方扬清　王　鑫　安徽省滁州市纪委监委）

（原载于《中国纪检监察报》2019 年 10 月 30 日）

10. 正确区分违规受礼与受贿行为

典型案例

案例一　王某，A 市原副市长，中共党员，分管土地审批。刘某是与 A 市同省的 B 市的房地产商，在饭局上经人介绍认识了王某，刘某向王某表示非常看好 A 市的楼市前景，欲到 A 市拓展业务。为了日后获得照顾，刘某多次于节日期间送给王某“过节费”，累计 3 万元。直至王某被立案审查，刘某也没有提出具体诉求，在 A 市也没有房地产业务。

案例二　郑某，某市财政局原局长，中共党员，酷爱摄影。李某是财政局某处副处长，工作能力突出，李某找到郑某表达了想要“进步”的意思，并送给郑某摄影器材一套，价值 3 万元，郑某推托几次便收下，但未明确表态。之后，李某顺利升任处长，经调查符合组织程序，郑某没有提供帮助。

处理意见

上述案件的争议焦点是如何定性王某和郑某的行为?两人的行为是否构成受贿?

评析意见

一、王某的行为违反党的廉洁纪律，郑某的行为构成受贿犯罪

案例一中，刘某送给王某礼金，与王某的职务及其掌握的土地审批权密切相关，目的是为拓展房地产业务寻求关照，一旦刘某到王某辖区开发房地产，王某很可能在行使职权时予以关照，从王某收受礼金的当时判断，是可能影响公正执行公务的。因此，王某的行为构成《党纪处分条例》第八十八条第一款规定的违规受礼。王某的行为之所以不构成受贿，理由是王某没有实际或承诺为刘某谋取利益，不满足受贿的客观构成要件，而且，王某与刘某之间也不存在现实的行政管理关系，因而也不能依据最高人民法院、最高人民检察院《关于办理贪污贿赂刑事案件适用法律若干问题的解释》（以下简称《解释》）第十三条第二款的规定，将王某收受财物视为承诺为他人谋取利益。

案例二中，郑某明知李某有具体请托事项而收受其价值 3 万元的财物，构成受贿犯罪。一方面，《解释》第十三条第二款规定：“国家工作人员索取、收受具有上下级关系的下属或者具有行政管理关系的被管理人员的财物价值三万元以上，可能影响职权行使的，视为承诺为他人谋取利益。”本案中，郑某和李某是上下级关系，郑某收受价值 3 万元的摄影器材存在影响职权行使的可能性，应当视为承诺为李某谋取利益，构成受贿犯罪。另一方面，《解释》第十三条第一款规定：“具有下列情形之一的，应当认定为‘为他人谋取利益’，构成犯罪的，应当依照刑法关于受贿犯罪的规定定罪处罚：……（二）明知他人有具体请托事项的……”因此，郑某明知李某有具体请托事项仍然收受其财物，从此角度看，郑某同样构成受贿罪。

二、厘清违规受礼与受贿行为的界限

实践中，区分违规收礼与受贿行为，应注意把握以下几点：

1. 是否具备“权钱交易”的特征

从本质上看，受贿行为具备“权钱交易”的特征，是一种双向交易行为。行贿人给予国家工作人员财物，指向的是国家工作人员的职务和职务行为；国家工作人员则利用职务便利为行贿人谋取利益，作为收受财物的回报，他在主观上必须认识到财物是其职务和职务行为的对价。相比之下，违规受礼则不具备交易性，是一种单向行为。财物虽然没有指向具体的职务行为和利益，但是对受礼者公正执行公务可能造成影响；受礼者单纯收受财物，并没有实际或承诺为他人谋取利益，因此，不存在“权钱交易”。

2. 收受财物一方有无“为他人谋取利益”

构成违规受礼的党员并未为他人谋取利益；构成受贿的国家工作人员必须符合“为他人谋取利益”的客观要件。为他人谋取利益包括承诺、实施和实现三个阶段的行为，只要具有其中一个阶段的行为即可。根据《解释》第十三条第一款，明知他人有具体请托事项而收受其财物，构成为他人谋取利益，需要注意，不要求行贿人必须明确告知国家工作人员请托事项，有些案件中国家工作人员基于客观情况，能够判断出行贿人有请托事项。还要注意，行贿人不需要直接向国家工作人员本人提出请托，他可以向国家工作人员的特定关系人提出请托并给予财物，由他们代为转达，国家工作人员知道请托事项后未退还或上交财物的，他与特定关系人成立受贿罪的共犯。

3. 有无上下级或行政管理关系以及财物的价值

《解释》第十三条第二款将国家工作人员收受下属或被管理人员财物的行为有限度地纳入受贿犯罪的规制范围，此时下属或被管理人员没有具体请托事项，国家工作人员也没有实际为其谋取利益，仍然拟制为“承诺为他人谋取利益”。若给予和收受财物的双方不具有上下级或行政管理关系，则不构成行受贿犯罪。《解释》对收受财物的价值设定了数额限制，必须达到三万元以上；不满三万元的，不构成受贿，若可能影响公正执行公务，则构成违规受礼，应当视情况给予党纪政务处分。

（宋振策　中国纪检监察学院）

（原载于《中国纪检监察报》2018 年 12 月 19 日）

11. 收受非上市公司股份但未谋利的定性之辨

典型案例

王某，总部在甲市的 A 银行副董事长，系国家出资企业中的国家工作人员。李某，王某的同学，B、C 公司法定代表人。

2016 年 1 月，李某联合其他股东发起设立了 B 公司，住所地为甲市。经营期间，李某经常向王某咨询公司管理等事项，并邀请王某以顾问身份三次出席 B 公司董事会会议，就完善公司管理制度提出建议。2017 年 1 月，李某出资 1000 万元成立了 C 有限责任公司，住所地为甲市，并由 C 公司出资控股 B 公司。为感谢王某在经营 B 公司期间的帮助，李某给予王某 C 公司 10% 的股份。2019 年 5 月，C 公司将股份分红 15 万元汇入王某指定的银行账户。2017 年 8 月，A 银行曾与李某联系洽谈过 B 公司贷款事宜，王某得知后明确表示不同意，李某因此未办理贷款。截至案发，李某以及B、C公司与A银行间未再发生业务关系。

处理意见

本案中，王某未出资即拥有C公司股份并获得分红的行为如何定性，存在三种不同意见：

第一种意见认为：王某以顾问身份出席B公司董事会会议，并就公司管理提出建议，其拥有C公司股份并获取分红的行为，属于违规从事营利活动违纪行为。

第二种意见认为：B、C公司住所地均在甲市，王某作为总部在甲市的A银行副董事长，未出资拥有C公司股份并获取分红，存在影响其公正执行公务的可能性，构成收受可能影响公正执行公务的股权违纪行为。

第三种意见认为：王某未出资拥有C公司股份并获取分红，且王某所在银行与李某联系洽谈过贷款事宜，其行为属于收受干股型受贿犯罪。

评析意见

笔者同意第二种意见。本案中，认定王某行为性质的关键在于两个方面：一是王某拥有非上市公司股份、出席董事会会议发言等行为能否认定为违反规定从事营利活动，这是区分第一种意见与第二、三种意见的关键；二是王某是否利用职务便利为李某谋取利益，这是区分第一、二种意见与第三种意见的关键。

一、王某的行为不应认定为违反规定从事营利活动

根据《中国共产党纪律处分条例》（下称《条例》）相关规定，违反规定从事营利活动包括经商办企业和拥有非上市公司股份等多种表现形式。所谓经商办企业，主要是指经营商业、兴办企业，重点在于通过出资、参与企业经营管理等方式“经、办”；拥有非上市公司股份，本质上属于经商办企业，二者的区别主要在于出资后是否实际参与企业“经、办”等经营管理活动。

本案中，首先可以明确王某没有在C公司出资。根据公司法、公司登记管理条例相关规定，有限责任公司股东可以用货币出资，也可以用实物、知识产权、土地使用权等可以用货币估价并可以依法转让的非货币财产作价出资；但不得以劳务等作价出资。C公司经营期间，王某没有按照公司法规定履行出资义务。同时，因C公司为有限责任公司，不适用合伙企业法中关于合伙企业的合伙人可以用劳务出资的规定。故王某提供咨询、参会发言的行为不属于法定出资形式，也不应认定为生产经营或管理活动。

其次，王某主观上不具有从事营利活动的故意。在B

公司经营期间，王某仅在李某提出邀请时提供咨询意见、以顾问身份出席公司董事会会议，没有实际参与B公司和C公司的具体经营管理。李某出于感谢王某的目的送给王某股份，王某主观上表现为收受股份分红的故意，而非通过经营获取经济利益或者利润的故意，更没有依照股份比例行使经营权以及承担公司经营风险的故意。

因此，王某的行为不属于经商办企业或者拥有非上市公司股份的违规从事营利活动行为。

二、王某收受的股权可能影响其公正执行公务

区分收受可能影响公正执行公务的股权违纪行为与收受干股型受贿犯罪的关键在于行为人是否利用职权为对方谋取利益。“可能影响公正执行公务”的“可能”，一般是指潜在的、影响以后公正执行公务的可能。实践中，要综合收受股权的党员干部的职务、地位、与送股权人的关系等各方面分析判定，不单以收受股权党员干部的主观意愿为依据。受贿罪则需要“为他人谋取利益”的要件，包括承诺、实施和实现等多种表现形式。

本案中，李某以及B、C公司与A银行之间不存在业务关系。虽然A银行与李某联系过贷款业务，但王某明确表示不同意李某贷款，该业务因此未实际发生。王某不同意李某在A银行贷款的行为阻却了“为他人谋取利益”要件的成立，不能认定其构成收受干股型受贿犯罪。但客观上

B、C 公司住所地均位于甲市，A 银行又是总部在甲市的国家出资银行，且已有证据表明李某有贷款需求，可能与 A 银行发生业务关系，虽然截至案发没有发生实际的谋利事项，但依据《条例》，可以认定为“可能影响公正执行公务”。

王某收受股权的行为虽然发生在 2017 年，但股权一直登记在其名下，且 2019 年王某又收受了股权分红，其收受股权行为具有延续性，应当适用 2018 年《条例》，认定为收受可能影响公正执行公务的股权。

实践中，对拥有公司股份行为的认定比较复杂。因是否出资、是否为他人谋取利益、是否影响公正执行公务等情形不同，案件的定性也会不一致。这提醒我们，要在查清案件事实的基础上，认真分析证据，严格按照构成要件，依规依纪依法精准认定行为性质。

（王瑞琼　邢玉洁　江苏省南京市纪委监委）

（原载于《中国纪检监察报》2021 年 12 月 8 日）

12. 违纪案件与职务违法犯罪案件证据相关问题辨析

典型案例

案例一 曹某，男，中共党员，A 县副县长，分管城建工作。2018 年 6 月，A 县南湖公园环湖路景观工程项目承建商宋甲为了在项目验收、工程款拨付等方面得到曹某的关照，送给曹某人民币 10 万元，曹某收下未退。该案在证据方面，有曹某的供述，相关项目验收资料，工程款拨付凭证，宋甲取款 10 万元的银行流水记录等，但宋甲未到案。

案例二 余某，男，中共党员，B 县妇幼保健院院长。2018 年 10 月，B 县医疗器械供货商宋乙为了在医疗器械供货、货款拨付等方面得到余某的关照，送给余某 3 箱某高档白酒，市场价约人民币 3.2 万元。案发时，余某已将该 3 箱高档白酒消费。

处理意见

关于以上两个案例，在案件证据把握上存在分歧。

第一种意见认为：案例一中，宋甲未到案，证据链不完整；案例二中，案发时高档白酒已被消费，其真伪及价值无法准确评估。以上两个案例如认定涉嫌受贿犯罪并移送检察机关审查起诉，均存在证据不足的问题，但可以依据《中国共产党纪律处分条例》的纪法衔接条款，以涉嫌受贿犯罪定性，给予党纪处分。

第二种意见认为：案例一中，证据不足就不能作为处理依据，既不能以涉嫌受贿犯罪移送检察机关审查起诉，也不能给予党纪处分。案例二中，白酒的真伪及价值无法准确评估，导致在认定涉嫌受贿犯罪时证据不足，但案件事实清楚，现有证据足以认定余某收受可能影响公正执行公务的财物，符合违反廉洁纪律的构成要件，因此可以认定违反廉洁纪律并给予党纪处分。

评析意见

笔者同意第二种意见，结合案例，具体分析如下：

一、违纪案件与刑事案件的证明标准均应达到证据确实充分的程度，不应因案件仅给予党纪处分就降低证明标准

证明标准指运用证据证明案件事实所需达到的程度，即所取得的证据达到何种程度方可认定案件事实存在。有观点认为，刑事案件涉及公民的人身权、财产权甚至生命权，对刑事诉讼案件的证明标准应严之又严，而纪检监察机关审查违纪案件，仅是党内对党员干部进行处理，在证明标准上可把握得宽一点。笔者认为，违纪案件的处理结果，同样关系着被审查人的切身利益，证明标准不应有所降低。因此，在有关事实的认定上，不能采取双重标准，无论违纪，还是违法、犯罪，均应本着疑错、疑罪从无和证据裁判的原则进行处理。实际上，《中国共产党纪律检查机关监督执纪工作规则》第五十三条规定，“纪检监察机关应当对涉嫌违纪或者违法、犯罪案件严格依规依纪依法审核把关，提出纪律处理或者处分的意见，做到事实清楚、证据确凿、定性准确、处理恰当、手续完备、程序合规”。这里对涉嫌违纪或者违法、犯罪案件提出了一个共同的证明标准，即事实清楚、证据确凿。较早的《中国共产党纪律检查机关案件检查工作条例》第三十二条也规定，“认定错误事实须有确实、充分的证据”。从词义来看，“确凿”即“非常确实”。可见，违纪案件的证明标准与刑事诉讼的

证明标准表述上虽略有区别，但实质上是一致的，都是事实清楚、证据确实充分。事实上，纪律审查证据法规与国家法律法规是有机衔接的，在实践中，刑事诉讼证据规则、证据标准、证明体系等基本概念在审查违纪案件工作中已被广泛借鉴参考。

案例一中，由于缺少关键证人宋甲的证词，对拟认定的事实，即曹某收受宋甲人民币 10 万元尚不能排除合理怀疑，因此，既不能以曹某涉嫌受贿犯罪移送检察机关审查起诉，也不能以其涉嫌受贿犯罪给予党纪处分。

二、违纪案件构成要件区别于职务违法、职务犯罪案件，因此有些情形虽不能认定职务违法或职务犯罪，但已构成违纪

党的十八大以来，中央把纪律建设摆在更加突出位置，坚持纪严于法、纪在法前。对党员干部来讲，许多普通公民能做的事，党员干部不一定能做，纪律成为约束党员干部的第一道防线。相应地，“破法”必先“破纪”，党员干部违法往往是从破坏规矩、违反纪律开始的。这就决定了党员干部许多行为虽不涉及职务违法或者职务犯罪，但已构成违纪。这并非违纪案件证明标准降低，违纪案件构成要件的标准低于职务违法、职务犯罪案件，恰恰反映了党章党规党纪的要求严于法律法规。

案例二中，由于高档白酒案发时已被余某消费，酒的真伪及价值无法准确评估。根据受贿的构成要件，收受财物价值的大小是罪与非罪及罪刑轻重的重要依据，因此，余某的行为不宜认定涉嫌受贿犯罪。而根据违反廉洁纪律的构成要件，收受可能影响公正执行公务的财物就构成违纪，财物价值的大小仅是情节轻重的参考因素，因此，余某的行为可以认定违纪并给予党纪处分。

三、不能认为违纪案件证据在内部审核就可以放松案件质量要求

相比刑事诉讼的证明过程，违纪案件审查没有庭审质证的程序，因此有人认为，违纪案件认定是纪检监察机关内部的事情，证据方面有点瑕疵没有什么关系。笔者认为，违纪案件的证据材料虽然不用经过庭审质证，但同样应经过一定的审核鉴别程序才能使用，这只是有关程序的区别，而不影响证明标准的同一性，不能因此就认为可以降低案件的质量。事实上，违纪案件的审核程序同样严格，不仅要听取被审查人意见，还要体现纪检监察机关内部的相互制约，接受党内监督、社会监督、群众监督。此外，被处分人还可依规依纪依法提出申诉，对党纪处分不服的申诉可以向有关党组织直至党中央提出。

推动纪检监察工作高质量发展，首要的是保障案件质量，打造“铁案工程”，保证每一起案件都经得起历史和人民的检验，这就要求纪检监察机关必须提高政治站位，强化自我监督，健全内控机制，严格把好案件质量关，决不能贪一时之便、省一时之工，以致在案件质量上留下瑕疵，如此才能切实维护被审查人的切身利益，使监督执纪执法工作得到广大党员干部和群众的信服，确保案件处理取得好的政治效果、纪法效果和社会效果。

（丁永豪　江西省九江市纪委监委）

（原载于《中国纪检监察报》2019 年 10 月 16 日）

13. 收受财物后退还不够及时行为的认定

典型案例

林某，某市大型国有企业原副董事长，2014 年 11 月升任董事长。王某为某民营公司实际控制人，其公司一直与该国有企业存在业务往来。在林某升任董事长后，为了在某项业务上获得林某照顾，2015 年 3 月，王某送给林某 100 万元现金。林某心知肚明，并收下该 100 万元。2015 年 6 月，林某将该 100 万元退还给王某。2018 年，王某因其他案件被留置，检举揭发该情况。后林某承认此事并交代称：党的十八大后反腐力度不断加大，其在收受王某钱款后一直犹豫是否将钱款退还给王某，最终，其下决心退还。在此过程中，林某没有给王某公司提供过明显帮助。

处理意见

本案争议点是，林某是否成立受贿罪？

第一种意见认为，林某没有帮助对方谋得利益，并在三个月内退还了钱款，属于司法解释中规定的“及时退还”，不成立受贿罪。

第二种意见认为，林某明知对方有请托事项，并且收受请托人钱款三个月后才退还，不属于“及时退还”，而属于受贿既遂，退赃应作为从轻情节予以考虑。

第三种意见认为，林某明知对方有请托事项，并收受他人钱款，但鉴于其在相对较短的时间内主动退还了钱款，且退还的动因不是被动的，而是内在的、主动的，在实践中，应落实“惩前毖后、治病救人”的方针，结合林某其他违纪违法情况、认罪悔错态度等因素综合把握。

评析意见

笔者倾向第三种意见，结合案例，分析如下。

一、对“及时退还或者上交”中“及时”的理解把握

2007 年“两高”《关于办理受贿刑事案件适用法律若干问题的意见》（以下简称《意见》）第九条规定：“国家

工作人员收受请托人财物后及时退还或者上交的，不是受贿。国家工作人员受贿后，因自身或者与其受贿有关联的人、事被查处，为掩饰犯罪而退还或者上交的，不影响认定受贿罪。”该司法解释从正反两方面，对构成受贿犯罪和不构成受贿犯罪作出界定。但究竟多久属于“及时”，解释中并未明确，导致实践中在认定“返还财物”行为时，出现诸多争议。如上述案例中，一个争议焦点就在于三个月是否属于“及时”。

要想准确把握“及时”的含义，不能仅从字面上理解，而必须了解《意见》制定的初衷。“两高”之所以作出上述规定，目的是将虽然客观上实施了收受他人财物，但主观上不具备受贿意愿的行为排除于刑罚之外。比如，请托人强行留下财物后即离开，或者行为人不清楚请托人给予财物的价值，事后才发现财物贵重等等。这种情形下，由于行为人不具备主观受贿故意，根据刑法主客观相统一原则，不能认定为受贿犯罪。与此同时，为了防止放纵主观具有受贿意愿，后因自身或关联人员被查而掩饰犯罪退还财物的行为，司法解释又从反面作出规定，堵塞了法律适用中可能出现的漏洞。

在深刻理解该规定目的基础上，就能发现“及时”除了是一个客观时间概念外，其更本质的特征是法律列举的一种反映行为人主观故意的客观证据。因此，判断是否

"及时"的关键不在于时间长短，而在于行为人对受贿行为的真实主观意愿。由此，可将"及时"分为两种类型：一种是在相当短的时间内，比如一两天之内将财物归还，这足以推定行为人主观上缺乏受贿故意；另外一种类型是时间稍微长一些，但有其他证据证明行为人主观确实有退还或上交的意愿，只是由于客观条件限制，退还上交时间有所拖延。比如，国家工作人员收受财物后，立即到外地出差，回来后才予以退还。在实践中，可以结合其他因素，一并判断行为人收受财物时的主观意愿，如收受财物时的表现，是否明确拒收；退还财物前的表现，是否积极联系请托人，表达退还意思或有退还行为等。本案显然不属于上述两种情形，不应认定为"及时"退还。

二、"空白地带"为司法解释有意所留

除了《意见》中提到的正反两方面退还或上交情况外，实践中大量的情况是介于二者之间：行为人收受财物时具备受贿故意，但经过一段时间后，由于各种主客观因素变化，最终在案发前将财物退还给请托人，这种行为究竟应如何认定，给实践带来很多困惑和争议，上述案例就属于此类。实际上，在制定《意见》时，"两高"的起草者并非没考虑到这种情形，而是认为这种情形的认定比较复杂，有意在司法解释中不予明确，而是交由实践部门具体把握。《意见》起草者之一刘为波对此解释道："有意见认为，收受他人财物，虽未及时退还或者上交，但案发前自动退还或如实说明情况上交的，可不以受贿罪处理，其中为他人谋取利益，致使公共财产、国家和人民利益遭受重大损失的，构成其他犯罪的，依照刑法的相关规定定罪处罚。该意见在认可此种情形性质上已经构成犯罪的同时主张处理上一般不作为犯罪处理，主要考虑是：贯彻宽严相济的刑事政策，并充分发挥司法的感化、教育功能，节约司法成本，提高办案效率。而且，为他人谋利行为造成重大损失，构成渎职等其他犯罪的，还应当依法追究相应刑事责任，在客观效果上并不会轻纵犯罪。经研究，此种情形不作为受贿犯罪处理，有其一定的实践合理性，但于法无据，而且，社会效果如何，会不会出现先收钱再观望的情况，也是一个疑问，故《意见》未作规定，实践部门可以结合收受时间长短、数额大小等具体个案情况，依法作从轻或无罪处理。”

三、如何把握“空白地带”的行为认定

毋庸置疑，单纯从理论上讲，除确实缺乏主观故意的情形外，只要行为人明知请托人有谋利事项，且实施了收受财物的行为，就已经构成受贿犯罪既遂，退赃情节仅作为量刑情节予以考虑。但任何理论都需要适应实践的需要，也正因如此，最高法在出台上述司法解释时，才有意留出“空白地带”，给实践留有一定裁量空间。

那么实践中，如何把握“空白地带”的入罪标准，才能收到较好的效果呢？笔者认为，要想真正发挥法律条文“社会关系调节器”的作用，不能机械地搞一刀切，简单地将“不及时”退还的行为都认定为犯罪既遂，而应在“惩前毖后、治病救人”方针指导下，具体把握“收受财物后退还、上交行为”罪与非罪的标准，抓住行为人退还财物时心理状态这个关键，综合考虑其他因素，统筹运用纪法手段，确保案件既定性准确，又能收到良好的效果。在具体实践中，可以重点考虑以下几个因素：

行为人退还、上交时的心理状态。一般而言，行为人退还或上交财物的原因是多方面的，但最终能够判断出退还或上交行为究竟是个人的主动选择，还是有某种原因迫使其不得已而为之，是主动多一些还是被动多一些，这是应考虑的首要因素。比如，行为人在收受财物后的一段时间内，由于接受警示教育，深受警醒，或是由于家庭发生变故、突发疾病等原因，认为平平安安才最重要，于是主动选择退还或上交财物，虽然引发该行为的动机必然有恐惧、担心被查处等因素，但总体而言，行为人退还财物是主动的、真心的，属于迷途知返、自行悔错，从效果上综合考虑，可不认定为受贿犯罪，由纪委监委以第三种形态处置更为妥当。相反，如果行为人收受了多名请托人财物，但仅将一人财物退还，此时退还的动因中，不信任请托人或担心被查处或感觉无法“办成事”的比重就更大，其退还行为具有一定的被动性和侥幸性，应考虑认定为受贿既遂后的退赃。

退还时间、财物数额、谋利事项是否完成、行为人悔罪态度、其他受贿犯罪事实情况等几个方面，应作为辅助考虑因素。一般而言退还时间越早，反映悔罪程度越大，退还时间越接近案发时间，悔罪程度越小；如果收受的财物数额属于司法解释规定中的“特别巨大”，退还或上交的时间又较长，则在从宽处理时需要谨慎对待；行为人是否为请托人完成了谋利事项，所谋利益是不是非法利益，以及行为人悔罪态度、其他受贿犯罪事实等，也应纳入考虑因素。

总体而言，实践中对于收受财物后退还不够及时行为的认定，需要执法者、司法者秉承实事求是、心底无私的精神，坚持大局思维、法治思维相统一，依规依纪依法裁量，如此方能遵循罪刑法定的精神实质，方能真正发挥好法律“社会关系调节器”的作用。

（艾　萍　中央纪委国家监委第十三审查调查室）

（原载于《中国纪检监察报》2020 年 10 月 21 日）

14. 收受的名酒灭失行为如何认定

典型案例

孙某，男，中共党员，某市委组织部副部长，分管干部监督工作。

案例一　2020 年 5 月，孙某利用职务便利，通过向该市市管国有企业总经理打招呼的方式，帮助某私企老板赵某顺利结算其承揽工程的工程款。赵某为感谢孙某，支出 5 万元购买 2 箱年份茅台酒送给孙某。

案例二　2020 年 12 月，孙某利用职务便利，通过向该市城管委主任打招呼的方式，帮助某私企老板付某所在的公司成功中标园林绿化项目。2021 年 1 月，孙某在置办年货过程中，想从某商店购买 2 箱标价 5 万元的年份茅台酒以用于春节期间款待亲友，其便打电话将付某喊至该商店，由付某现场支付 5 万元为其购买茅台酒。

2021 年 7 月，孙某因涉嫌严重违纪违法被市纪委监委采取留置措施。孙某收受的前2箱茅台酒因家中失窃被盗；后2箱茅台酒在案发时已被孙某消费。

处理意见

上述案例中，对孙某是否构成犯罪产生了分歧。

第一种意见认为：孙某构成受贿罪。孙某利用担任市委组织部副部长的职务便利，为他人在结算工程款、项目招投标方面谋取利益，并收受他人价值合计10万元的财物，其行为符合受贿罪的构成要件，应认定其构成受贿罪。

第二种意见认为：孙某不构成犯罪。因为在案发时，孙某收受的4箱茅台酒均已灭失，无法甄别茅台酒的真伪，也无法进行价格认定，犯罪数额便无法确定，故孙某不构成犯罪，对其行为应按照违纪处理。

第三种意见认为：孙某构成受贿罪，受贿数额是5万元。上述两个案例的主要区别在于，孙某是否对茅台酒的价格有明确的认识。在茅台酒已经灭失的情况下，对茅台酒价格有明确认识的，应按受贿犯罪处理；没有明确认识的，应按违纪处理。两个案例中，案例二符合按受贿罪处理的条件，故孙某构成受贿罪，受贿数额是5万元。

评析意见

笔者赞成第三种意见，理由如下。

一、孙某第一次收受茅台酒的行为应按照违纪处理

案例一中，孙某在收受2箱茅台酒时并不知道赵某购买茅台酒的具体价格，在茅台酒已经灭失的情况下，便无法甄别赵某所送茅台酒的真伪，也无法由价格认定部门进行价格认定，而受贿罪是典型的“数额犯”，在犯罪数额无法确定的情况下，便无法认定孙某构成受贿罪。有人认为，虽然孙某不知道赵某购买2箱茅台酒的具体价格，但根据其对茅台酒的偏爱和饮酒习惯，应该能够预见到2箱茅台酒的市场价格，按照存疑有利于犯罪嫌疑人的原则，应以5万元或者市场价格中的“低价”予以认定。笔者认为，如此认定有违刑事诉讼法“排除合理怀疑”的证据标准，因为孙某虽然可以预估2箱茅台酒的价格，但这是建立在孙某收受的茅台酒是真酒，而不是假酒的情况下，因本案中的茅台酒已经灭失，故无法排除2箱茅台酒是假酒的可能性。因此，如果孙某收受的茅台酒是假酒，而按照真茅台酒的价格认定其构成受贿罪，则明显不符合客观实际，亦不符合主客观相统一的原则。

孙某虽不构成受贿罪，但其行为仍可纳入纪律处分的范畴。按照纪法罪不同的证据标准，孙某作为党员领导干部，为他人谋取利益，并收受他人茅台酒的行为违反了党章党规党纪对党员干部的廉洁自律要求。根据《党纪处分条例》第八十八条规定，“收受可能影响公正执行公务的礼品……情节较轻的，给予警告或者严重警告处分”，孙某的受礼行为发生在党的十九大之后，属于顶风违纪，应给予其党纪处分。同时，虽然茅台酒已经灭失，且无法确定真伪，但是按照纪严于法的要求以及被审查人不得从违纪行为中获利的原则，应由孙某将该茅台酒折价 5 万元主动上交，并由纪检监察机关依规对违纪款予以收缴。

二、孙某第二次收受茅台酒的行为构成受贿罪

案例二与案例一的相同之处是：购买的都是茅台酒，案发时茅台酒都已灭失，均无法甄别真伪，无法进行价格认定。但两者也有明显的不同之处，即孙某是否对茅台酒的价格有明确的认识，这也是两个案例定性不同的关键所在。案例二中，孙某在置办年货过程中，授意付某到店为其支付 5 万元购买茅台酒，此时孙某对 2 箱茅台酒的价格有明确的认识，其行为与直接收受付某 5 万元现金没有本质区别。即使茅台酒在案发时没有灭失，且经过甄别是假酒，孙某的受贿数额仍为 5 万元。

此外，按照 2003 年最高人民法院《全国法院审理经济犯罪案件工作座谈会纪要》第三条第（一）项的规定：刑法第三百八十五条第一款规定的“利用职务上的便利”，既包括利用本人职务上主管、负责、承办某项公共事务的职权，也包括利用职务上有隶属、制约关系的其他国家工作人员的职权。案例二中，孙某作为分管干部监督工作的市委组织部副部长，对该市的市管干部具有职务上的制约关系，其通过向市城管委主任打招呼的方式，为付某公司谋取不正当利益，正是利用了职务上对市城管委主任的制约关系，故孙某的行为属于直接受贿，而非斡旋受贿。

综上，在查办领导干部收受酒水、字画等类似案件时，要具体问题具体分析，尤其要注重把握行为人主观认识这个关键因素，深入分析研判，防止因实物已经灭失而对此类案件一概不按犯罪处理的误区。

（李国强　天津市市级机关纪检监察工委）

（原载于《中国纪检监察报》2022 年 4 月 20 日）

15. 长期固定收受礼金行为如何区分定性

典型案例

赵某，长期在A市住房和城乡建设委员会（简称A市住建委）工作，2008年4月起担任A市住建委主任；李某，A市某建筑企业负责人，与赵某相识多年，系大学同班同学。自2003年起，李某每年中秋节和春节等年节前后都会安排两家聚餐，并在饭桌上以“贴补孩子”的名义送给赵某1万元现金，赵某也回赠李某孩子5000元左右现金或烟酒茶叶等礼品。2010年赵某儿子结婚及2011年赵某父亲去世时，李某各送给赵某1万元现金。2013年夏天，李某请赵某在A市某大型工程项目招标时予以关照，并最终顺利中标，事后李某送给赵某50万元现金。2013年中秋节起，李某继续在年节时组织家庭聚会，每次仍以“贴补孩子”的名义送给赵某2万元现金，赵某偶尔回赠价值相对较小的财物。2018 年 12 月，赵某被立案审查调查。

处理意见

赵某利用职务便利，为李某承揽工程提供帮助并收受 50 万元的行为构成受贿无争议。但对于赵某在年节及办理“红白事”时收受李某钱款的行为，特别是请托事项出现前赵某收受李某钱款的行为如何定性存在争议。

第一种意见认为：李某借年节和“红白事”之机给赵某送钱，看中的是赵某的职权，是明显的感情投资行为，且后期赵某在李某请托下帮助其中标工程，不仅说明赵某对李某之前送钱的“投资”意图是知晓的，更说明该“投资”行为取得了效果。因此，应将其 2013 年接受请托前后收受李某财物的行为一体评价为受贿。

第二种意见认为：李某与赵某是多年同窗好友，在请托事项出现前，李某利用年节及“红白事”等特殊时间点给赵某送钱，赵某亦有回赠，这种交往具有正常人情往来的因素，而非权钱交易的性质。因此，赵某在具体请托事项出现前收受钱款的行为不宜评价为受贿犯罪。但考虑到赵某和李某同时具有管理服务关系，收受礼金行为侵犯了职务廉洁性，可按违纪处理；2013 年请托事项发生后，尽管双方仍以家庭聚会形式交往，但赵某在已为李某谋取利益后仍继续收受其钱款，构成受贿。

评析意见

笔者赞同第二种意见。

一、收受礼金具有正常人情往来因素的，不宜轻易评价为受贿行为

实践中，国家工作人员长期固定收受具有上下级关系的下属或者具有行政管理关系的被管理人员财物的行为比较常见。既不能简单适用《关于办理贪污贿赂刑事案件适用法律若干问题的解释》（以下简称《解释》）第十三条第二款的规定，直接认定为感情投资型受贿，也不能因忽视对司法解释中“可能影响职权行使”要件要素的证明责任，而将受贿行为“降格”为违纪行为，必须通过认真分析和精准取证，做到准确定性。

本案中，赵某与李某系大学同学，在请托事项出现前，双方在年节时举行家庭聚会已成惯例，且互有财物馈赠，尽管这种往来存在不同步、不等价的情况，但仍是建立在人情往来的基础之上（或基于人情往来的因素比重大于感情投资），因此不宜评价为犯罪行为。但是，赵某身为国家工作人员，多次收受与其有监管制约关系的建筑企业负责人所送的大额礼金，明显超出当地正常经济水平和风俗习惯，可能影响公正执行公务，其行为违反了廉洁纪律，应当给予纪律处分。

收受礼金具有正常人情往来因素的，不宜轻易评价为受贿行为。实践中，有的国家工作人员与企业老板是老同学老朋友，私人感情好，遇到婚丧嫁娶、年节假日等场合，难免存在经济上的往来，而由于双方经济实力、社会地位等方面不同，即使是正常的人情往来，也可能在国家工作人员一方出现暂时的“只进不出”或整体“进多出少”的现象。此时，不能简单以“双方具有权属管理关系”和“数额在3万元以上”直接认定为贿赂犯罪，必须结合双方背景及交往状况进行分析。如果这种经济往来基于社交规范意义上的人情往来预期，即属于合乎情理的、可以预见的往来，就不宜认定为贿赂犯罪；如果兼具感情投资与人情往来因素的，应当根据取证情况分析人情往来的真实性和两者所占的比重综合判断行为性质。当然，国家工作人员即使是基于人情往来收受财物，如果该行为可能影响公正执行公务或明显超过正常礼尚往来的，也应当给予纪律处分。

二、感情投资型受贿中，“可能影响职权行使”的判定

感情投资型受贿一般是指国家工作人员收受下属或具有行政管理关系的被管理人员财物价值在3万元以上，可能影响职权行使，但尚未为他人谋取利益，此时由于请托

事项和谋利情节不明显，根据《解释》第十三条第二款的规定，只要能证明收受的财物与其职务行为有具体关联，可能影响职权行使，即认定为受贿。实践中，“可能影响职权行使”主要表现为以下情形：（1）收受财物时处于职务晋升、岗位调整、项目招投标、资金拨付等关键敏感节点，具有影响职权行使的具体危险；（2）具有与国家工作人员身份和职务相关的、有来无往的单一方向财物流动，且能够排除正常人情往来的；（3）根据国家工作人员的职责范围、职权行使轨迹以及给付财物方的职业或经营状况等客观证据，能够判断出请托意图或者具有对职务行为施加影响的意图。

就本案而言，如果通过调查取证，能够证明赵某接受具体请托前收受李某钱款的行为不具备人情往来因素，比如有意放大甚至虚构老同学、老朋友等感情关系；虚构回赠情节或以明显较小价值财物回赠等，则其收受礼金的行为因“可能影响职权行使”构成感情投资型受贿。

三、为请托人谋取利益后继续收受礼金的，应整体认定为受贿

如果国家工作人员长期固定收受下属或者具有行政管理关系的被管理人员的礼金（排除正常人情往来），起初无明确请托事项，但在请托事项出现后继续收受的，根据《解释》第十五条第二款的规定，应整体认定为受贿。需要注意的是，在请托和谋利情节较为模糊或隐蔽时，要准确把握《解释》第十三条第一款和《全国法院审理经济犯罪案件工作座谈会纪要》中“为他人谋取利益”的认定标准，即只要国家工作人员在对方以客观可识别的方式提出诉求或明知对方有具体请托事项时仍收受礼金，该受礼行为即转化为权钱交易型受贿。实践中，有国家工作人员长期在年节时收受企业老板赠送的礼金，其间对方曾明确提出请托事项，该国家工作人员未置可否或予以拒绝，但事后仍继续收受礼金的，应整体认定为受贿。

本案中，赵某在为李某谋取利益后继续收受其年节赠送礼金的行为，因具有权钱交易的合意，构成受贿。

综上，对于长期固定收受礼金行为，根据行为人主观目的和客观行为不同，可能存在以下定性：（1）具有具体请托事项或谋利情节的，构成权钱交易型受贿；（2）可能影响职权行使的，构成感情投资型受贿；（3）兼具感情投资与正常人情往来因素，主要系人情往来或感情投资部分未达到入罪起点数额的，违反廉洁纪律或职务违法；（4）可能影响公正执行公务或明显超出正常礼尚往来的，违反廉洁纪律；（5）基于正常人情往来，符合传统社交规范、当地风俗惯例和经济状况的，不纳入纪法评价范围。

（宋冀峰　天津市纪委监委驻市总工会机关纪检监察组）

（原载于《中国纪检监察报》2020 年 2 月 12 日）

16. 退休后通过原监管对象为他人谋利并收钱如何定性

典型案例

甲，中共党员，原为某市分管金融工作的副市长，2014 年退休，乙为某私营融资企业老板，丙为某私营房地产企业老板。甲在任副市长期间，曾在多个事项上为乙提供帮助。2016 年，应丙请托，甲向乙打招呼，帮助丙从乙公司获得融资款 2 亿元，为此，丙送给甲 200 万元。

处理意见

对于甲收受该 200 万元性质应如何认定，有两种不同意见。

第一种意见认为：虽然甲已经退休，但其利用原职务影响力向原监管对象乙打招呼，帮助第三人丙谋取利益并收受财物，其行为构成利用影响力受贿罪。

第二种意见认为：虽然甲存在利用原职务影响力向私企老板打招呼为第三人丙谋利并收受财物的行为，但根据目前刑法关于利用影响力受贿罪的规定及相关司法解释精神，甲收受丙200万元的行为无法认定为利用影响力受贿罪。对甲的行为应按照违反廉洁纪律进行处理。

评析意见

笔者同意第二种意见。

一、离职的国家工作人员只能通过其他国家工作人员的职务行为，才能构成利用影响力受贿罪

《刑法修正案（七）》对于利用影响力受贿罪的罪状表述为，“国家工作人员的近亲属或者其他与该国家工作人员关系密切的人，通过该国家工作人员职务上的行为，或者利用该国家工作人员职权或者地位形成的便利条件，通过其他国家工作人员职务上的行为，为请托人谋取不正当利益，索取请托人财物或者收受请托人财物”“离职的国家工作人员或者其近亲属以及其他与其关系密切的人，利用该离职的国家工作人员原职权或者地位形成的便利条件实施前款行为的，依照前款的规定定罪处罚”。

在离职的国家工作人员构成利用影响力受贿罪中，如何理解刑法条文中提到的“实施前款行为”？由于离职的国家工作人员自身已经不具备职务，因此，“前款行为”显然是指“利用该国家工作人员职权或者地位形成的便利条件，通过其他国家工作人员职务上的行为”，而不是“通过该国家工作人员职务上的行为”，换言之，离职的国家工作人员只有“通过其他国家工作人员职务上的行为”帮助请托人谋利的，才可能构成利用影响力受贿罪，而通过非国家工作人员为请托人谋利并收受财物的行为，无法构成利用影响力受贿罪。

二、司法解释对离职后接受利益输送的行为，在入罪条件上严苛谨慎

一般而言，非国家工作人员应离职的国家工作人员的请托为第三人谋利，大多是因为该国家工作人员在离职前曾利用职务便利为其提供过帮助。因此，该情形可以简化为，非国家工作人员通过为第三人谋利的方式，适当“回报”国家工作人员在职时提供过的帮助，从形式上看，确实存在权钱交易的基本轮廓。但司法解释对离职前谋利、离职后接受利益输送的行为，在入罪把握上十分严格。2007年“两高”《关于办理受贿刑事案件适用法律若干问题的意见》第十条规定，国家工作人员利用职务上的便利为请托人谋取利益之前或者之后，约定在其离职后收受请托人财物，并在离职后收受的，以受贿论处。根据上述规定，国家工作人员离职后收受财物认定为受贿的，必须以“事先约定”为条件。2016年“两高”《关于办理贪污贿赂刑事案件适用法律若干问题的解释》第十三条第一款，虽然将“履职时未被请托，但事后基于该履职事由收受他人财物的”认定为“为他人谋取利益”，适当放宽了对事后收受贿赂认定的门槛，但根据起草者的解释，该条司法解释是指在职的国家工作人员事后收受财物的情形，对于离职后收受财物的，仍以“事先约定”作为认定受贿的前提条件。由此可见，对于离职的国家工作人员直接收受此前帮助过的非国家工作人员财物的，都要求以事先约定为前提，根据该精神，即使不考虑请托事项是否能够折算成财物，如果此前没有约定，非国家工作人员通过帮助第三人变相“回报”国家工作人员的行为，一般不宜认定为受贿。

三、在有限的条件下，对于具有显著利益输送性质的请托事项，可以认定为贿赂犯罪

如上文所述，对于一般请托事项，即便具备了权钱交易的轮廓，根据目前刑法及司法解释的规定，也不宜认定为贿赂犯罪。但如果非国家工作人员为第三人帮忙的事项并非一般的请托事项，而是有明显利益输送性质的行为，且该利益输送可以折算为具体金额，同时双方对此心知肚明，则可以将非国家工作人员视为行贿人，国家工作人员和第三人作为受贿犯罪共犯。例如，上述争议案例中，如果丙是甲的特定关系人，乙根据甲的要求借给丙 1 亿元资金供其使用两年，同时未收取任何利息，考虑到该行为利益输送性质非常明显，可将其认定为甲、丙共同收受乙给予的财物，在受贿数额上可以将同期银行贷款固定利息作为认定参考。

在将上述情形直接认定为国家工作人员与第三人共同收受被请托的非国家工作人员财物时，还必须考虑非国家工作人员给予国家工作人员财物的原因，可分为以下两种情形：第一种是离职前国家工作人员曾经利用职权为该非国家工作人员提供过帮助，根据前文论述，在此种情形下，需要二人在离职前对“利益输送”有明确约定，才能认定为受贿犯罪，否则不宜认定。第二种是国家工作人员离职后，利用原职务的影响力为该非国家工作人员提供了帮助，或者该非国家工作人员有具体的请托事项需要该国家工作人员利用原职务影响力帮忙，对于此类情形，已经符合了利用影响力受贿罪的构成要件，可以认定为利用影响力受贿罪。

总体而言，对于离职后的国家工作人员通过非国家工作人员为第三人谋利并收受财物的行为，在认定为受贿犯罪时需要持非常审慎的态度，只有对于利益输送性质非常明显的情形，在满足相关条件的情况下，才具备认定为受贿犯罪的可能。

（艾　萍　中央纪委国家监委第十三审查调查室）

（原载于《中国纪检监察报》2022年1月5日）

17. 收受无“事先约定”的财物如何处理

典型案例

王某甲，2004 年任 A 省中烟工业有限责任公司党组成员、副总经理，2012 年退休。2005 年，王某甲与在 A 省经营香烟盒皮印刷业务的私营企业主刘某相识，并介绍其子王某乙与刘某相识。此后，王某甲对刘某与 A 省中烟工业有限责任公司签订的相关业务合同均签批同意。2007 年，王某乙以借款为名收受刘某 120 万元。2016 年，王某甲从王某乙处得知其与刘某存在上述经济往来情况，虽口头安排王某乙将钱款退还给刘某，但此后未再过问，直到 2021 年王某甲被立案审查调查时王某乙仍未退还上述钱款。

处理意见

关于王某甲的行为应如何处理，执纪执法实践中存在不同认识。

第一种观点认为，王某甲的行为构成受贿罪。主要理由：一是从客观方面看，王某甲利用职务上的便利，以签批同意相关合同的方式为刘某谋取了利益，并通过王某乙收受了刘某钱款。二是从主观方面看，王某甲得知王某乙以借款为名收受刘某钱款后，虽口头要求王某乙还款，但在此后直到被立案审查调查长达5年多的时间里，明知王某乙具有还款能力，却未再督促其落实还款，可认定王某甲具有收受财物的故意。

第二种观点认为，王某甲的行为不构成受贿罪。主要理由：一是王某甲在得知王某乙收受钱款时已不具有国家工作人员身份，不符合受贿罪的主体要件。二是王某甲签批同意刘某与A省中烟工业有限责任公司相关合同时，尚未产生收钱的故意，且在案证据并不能证明王某甲接受了刘某请托，其系正常履职，故未侵害国家工作人员职务行为的廉洁性，不符合受贿罪的犯罪构成。

评析意见

本案的争议焦点是，国家工作人员退休后收受无事先约定的财物是否构成受贿罪。笔者倾向同意第二种观点。分析如下：

首先，从主体身份上看，王某甲通过王某乙收受财物时已不具有国家工作人员身份，不符合受贿罪的主体要件。本案中，王某甲得知王某乙收受刘某钱款后，虽有口头要求王某乙还款的行为，但未真正督促落实，应当认定王某甲具有收受财物的故意。该故意产生于王某甲对王某乙收受财物知情时，但此时其已退休，不再具有国家工作人员身份。根据2000年7月13日最高人民法院《关于国家工作人员利用职务上的便利为他人谋取利益离退休后收受财物行为如何处理问题的批复》（法释〔2000〕21号），国家工作人员利用职务上的便利为请托人谋取利益，并与请托人事先约定，在其离退休后收受请托人财物，构成犯罪的，以受贿罪定罪处罚。此后，2003年11月13日最高人民法院《全国法院审理经济犯罪案件工作座谈会纪要》（以下简称2003年《纪要》）和2007年7月8日最高人民法院、最高人民检察院《关于办理受贿刑事案件适用法律若干问题的意见》（法发〔2007〕22号）对离职国家工作人员收受财物行为的处理也作出同样规定：国家工作人员利用职务上的便利为请托人谋取利益之前或者之后，约定在其离职后收受请托人财物，并在离职后收受的，以受贿论处。因此，对于不再具有国家工作人员身份的人，如认定其离退休或离职后的收钱行为构成受贿罪，需以其在职时事先约定离退休或离职后收受财物为要件。

值得注意的是，2016年4月18日最高人民法院、最高人民检察院《关于办理贪污贿赂刑事案件适用法律若干问题的解释》（法释〔2016〕9号）出台时，其中第十三条第（三）项规定，履职时未被请托，但事后基于该履职事由收受他人财物的，应当认定为“为他人谋取利益”，构成犯罪的，应当按照刑法关于受贿犯罪的规定定罪处罚。该规定曾一度引起争议，认为对于离退休或离职后收受财物的，只要是基于此前的履职事由，不必以事先约定为条件也可构成受贿罪。但关于上述司法解释的权威解读《〈关于办理贪污贿赂刑事案件适用法律若干问题的解释〉理解与适用》（参见《刑事审判参考（总第106集）》）对此予以了明确：“根据此前司法解释等文件的规定，国家工作人员离职、退休后收受财物，认定受贿需以离职、退休之前即国家工作人员身份存续期间有事先约定为条件。本项规定同样受此约束，不能认为本项规定修改了此前文件的规定。”也就是说，在离退休、离职后收受财物构成受贿罪问题上，法释〔2016〕9号文一以贯之地坚持了法释〔2000〕21号文、2003年《纪要》和法发〔2007〕22号文的立场和精神，均要求以国家工作人员身份存续期间有事先约定为条件。

上述司法解释等文件之所以作出如此规定，究其根本，是因为对于离退休或离职后收受财物的，如有事先约定，则可认为其不仅在具有国家工作人员身份时利用职务便利为他人谋取了利益，而且在具有国家工作人员身份时就产生了收受财物的故意，故行为人符合受贿罪的主体要件；如无事先约定，则其产生收受财物故意时已不具有国家工作人员身份，不再符合受贿罪的主体要件。而在本案中，王某甲与刘某并未就收送财物事先约定，因此其产生收受财物故意时已不符合受贿罪的主体要件。

其次，从保护法益上看，王某甲的行为没有侵害国家工作人员职务行为的廉洁性。根据刑法规定及相关理论，受贿罪的本质是权钱交易，普通受贿罪的保护法益是国家工作人员职务行为的廉洁性。本案中，根据现有证据，王某甲作为国家工作人员履行职务时，因对王某乙收受刘某钱款尚不知情，系正常履职，故不存在权钱交易的故意，未侵害国家工作人员职务行为的廉洁性；而在王某甲履职后，因其对王某乙收钱知情时已不具有国家工作人员身份，不可能再发生新的职务行为，故亦不可能再侵害职务行为的廉洁性。

最后，从主观故意上看，王某甲不具有受贿的故意。虽然王某甲对王某乙收钱知情后，并未督促其落实还款，可以认定王某甲具有收钱的故意，但并不能以此认定其具有受贿的故意。这是因为：一是从理论上看，收钱行为只有与职务行为的廉洁性相关联，且行为人主观上认识到二者相关联，才有认定为受贿故意的空间。本案中，如前所述，由于王某甲退休前系正常履职，退休后无职务行为，其收钱的行为因其国家工作人员身份的缺失，在客观上已无法关联职务行为的廉洁性，故不再有认定为受贿故意的可能。二是从司法实践看，虽然法释〔2016〕9号文第十六条第二款规定，特定关系人索取、收受他人财物，国家工作人员知道后未退还或者上交的，应当认定国家工作人员具有受贿故意。但前述《〈关于办理贪污贿赂刑事案件适用法律若干问题的解释〉理解与适用》明确指出，适用该规定需以国家工作人员接受特定关系人转请托为前提，特定关系人未转请托的不适用该规定；而且，就文理解释而言，适用该规定还需以行为人对收受财物知情时仍具有国家工作人员身份为条件，故对于已退休的行为人能否适用该规定亦存在争议。本案中，王某甲既未接受王某乙的转请托，其对王某乙收钱知情时也已不再具有国家工作人员身份，因此，难以认定王某甲在主观上具有受贿的故意。

综上，根据罪刑法定原则，王某甲的行为不构成受贿罪，应当从党纪政务角度对其行为进行评价，并作出相应的党纪处分、政务处理。

（田中科　中央纪委国家监委）

（原载于《中国纪检监察报》2022年5月11日）

18. 在微信群里抢管理服务对象红包如何定性

典型案例

张某，中共党员，A 县 B 镇分管安全工作的副镇长。王某，A 县 B 镇某企业负责人。2018 年 11 月，张某与王某由于喜欢暴走，共同加入了当地“C 暴走团”QQ 群。该 QQ 群共有 45 人，部分成员为 B 镇政府部门工作人员。2018 年 12 月，王某单独建了“C 暴走团”微信群，仅邀请“C 暴走团”QQ 群中包括张某在内的 B 镇政府部门工作人员入群，群内共 20 人。2018 年 12 月至 2019 年 8 月，王某为活跃群气氛，多次以群主的名义在微信群里发红包，张某多次参与抢红包并累计抢得 2.75 万元，B 镇政府其他工作人员累计抢得 1000 元至 2 万元不等的红包。2019 年 12 月，张某被举报，当月，A 县纪委对张某立案审查。

处理意见

本案中，对张某的行为如何定性产生了分歧。

第一种意见：王某发红包并非专门发给张某一人，而是对群里所有人，张某能否抢到红包、抢到多少具有不确定性，且发放红包是为了活跃气氛，并无其他明确目的。因此，张某的行为不构成违纪。

第二种意见：张某明知王某系辖区内企业的负责人，属于管理服务对象，仍然积极参与抢红包，累计抢得 2.75 万元，其行为已违反中央八项规定精神，收受可能影响公正执行公务的礼金，应根据《党纪处分条例》第八十八条第一款、第四十条第一款之规定，给予张某党纪处分，收缴其违纪所得。

评析意见

笔者同意第二种意见。张某是否构成违纪要结合张某、王某的身份，紧紧围绕有无可能影响公正执行公务的实质来综合分析，具体如下。

一、王某系 B 镇辖区内企业负责人，张某系分管安全工作的副镇长，王某属于张某的管理服务对象

管理服务对象是相对于公职人员而言的，不同的公职人员有不同的管理权限，行使公权力的范围亦有所不同，不同的公职人员相应的管理服务对象应当是公职人员职权行使或职权影响范围内的人员。张某作为B镇分管安全工作的副镇长，具有负责督促B镇辖区内企业加强安全生产管理、落实安全生产责任，制定和完善安全生产规章制度，牵头组织对辖区安全生产状况进行监督检查，并及时解决安全生产中存在的问题等职责。王某作为B镇辖区内企业负责人，对企业的安全生产工作全面负责，而张某的职责能够对王某产生一定的影响和制约，因此，王某属于张某的管理服务对象。

二、王某仅邀请张某等镇政府部门工作人员入群并频繁发红包，具有拉拢关系的目的

王某通过参加暴走活动，加入"C暴走团"QQ群，随后与张某等群成员认识并熟悉。该QQ群成员既有在B镇政府部门工作的人员，也有其他单位的工作人员。王某基于"QQ群人员复杂，不方便与公职人员交流"的想法，成立了微信群，将包括张某在内的B镇政府部门工作人员单独邀请入群，除王某外，该微信群中其余19人均为B镇政府部门工作人员。微信群成立后，王某又以"活跃气氛，搞好关系"的目的，多次在群里发红包。因此，从王某的主观想法和客观行为来看，不难判断其在微信群发红包是为了拉拢联络包括张某在内的镇政府工作人员，搞好与张某等人的关系，以便给自己今后带来方便。

三、张某明知王某系管理服务对象而积极抢得红包2.75万元，可能影响公正执行公务

张某被王某邀请进入“C暴走团”微信群后，对微信群成员的基本情况均清楚，“C暴走团”QQ群中除在B镇政府部门工作的人以外的成员均未被邀请加入微信群，张某应该对王某成立微信群的目的一目了然。在此情况下，王某频繁发微信红包，张某自知“王某发红包并没有明确的目的，无非是为了和大家搞好关系”，同时本着“每次发的数额不大，大家都抢，自己抢也没有多大问题”的想法，积极参与抢红包，在不到一年的时间内抢得红包数额高达2.75万元。尽管张某觉得“只收不发，时间长了不好意思”，偶尔发个小额红包，但其所发红包数额与其抢的数额相差悬殊，同时，高达2.75万元的红包数额足以给张某在情感上和心理上带来一定的触动，张某与王某的关系也得到一定程度的加深。这些因素使得张某今后在对王某企业进行安全生产状况监督检查时，存在利用职务便利或者职权影响为王某谋取利益的可能性，对公正执行公务带来潜在的影响。

2019年12月，A县纪委对张某立案审查。2020年1月，A县纪委认定张某的行为违反中央八项规定精神，收受可能影响公正执行公务的礼金，依据《中国共产党纪律处分条例》第八十八条第一款、第四十条第一款之规定，给予张某党内严重警告处分，收缴其违纪所得。同时，B 镇政府其他参与抢红包的 18 名工作人员也受到党纪处分、诫勉谈话、谈话提醒、批评教育等不同方式的处理。

（郭益中　徐晓东　江苏省扬州市江都区纪委监委）

（原载于《中国纪检监察报》2021 年 8 月 11 日）

19. 无法折算价值的经济往来能否单独认定为违纪

典型案例

甲，A县原县长，中共党员，2021年案发；乙，私营建筑企业主。2018年至2020年期间，在甲的帮助下，乙先后承揽A县8个工程项目。为此，乙在每年中秋节、春节前后，以过节看望的名义分5次送给甲钱款共计100万元。此外，2018年至2020年期间，甲及其家人多次接受乙安排的宴请、旅游，花费约2万元，但未能调取相关客观证据；收受乙所送茅台酒共计6瓶，案发时已消耗。

处理意见

案例中，对于甲利用职务便利为乙谋取不正当利益，收受乙100万元涉嫌受贿犯罪，没有争议。但对于甲接受乙安排的旅游、宴请以及收受6瓶茅台酒等问题，是否应认定为受贿犯罪的贿赂款，或者认定违纪，存在不同意见。

第一种意见认为，甲接受乙安排的宴请、旅游，收受茅台酒，本质上均系收受乙财产性利益，应当将上述费用和财物折算价值，一并认定为受贿数额；如果确实无法查明具体费用，或因茅台酒消耗无法确定具体价值的，考虑到已经将乙认定为甲的行贿人，因此不宜再将乙与甲的其他经济往来作为违纪问题认定。同理，甲违规帮助乙承揽工程项目因已经作为甲收受乙贿赂的谋利事项，依据禁止重复评价原则，不宜再认定为违反工作纪律。

第二种意见认为，虽然乙是甲的行贿人，但对于甲接受乙安排旅游、宴请以及收受茅台酒的问题，因无法精确折算为财产性利益的具体金额，不符合认定职务犯罪的证据标准，虽不能认定受贿金额，但可以单独按照违纪问题认定。依据《党纪处分条例》第八十八条和第九十二条规定，认定为违反中央八项规定精神和廉洁纪律问题。

评析意见

笔者同意第二种意见，具体分析如下。

一、接受服务无法折算价值的，可作为违纪违法问题予以认定

行贿人与国家工作人员（党员）交往中，为了获得国家工作人员的帮助，除了直接给予财物外，往往还通过安排宴请、旅游、给予贵重礼品等方式，联络情感。在双方已经具备请托事项和其他大额经济往来、被认定为存在受贿行贿关系的情况下，根据2016年“两高”《关于办理贪污贿赂刑事案件适用法律若干问题的解释》“国家工作人员利用职务上的便利为请托人谋取利益前后多次收受请托人财物，受请托之前收受的财物数额在一万元以上的，应当一并计入受贿数额”的规定，理论上对于请托前合计超过一万元以及请托后的全部经济往来，均应折算为货币金额并认定为贿赂款，而不宜再作为违纪问题认定。但实践中，一些经济往来在操作层面不具备折算价值的条件。比如，国家工作人员接受行贿人宴请，即使食用了十分昂贵的菜品和酒水，一般也不宜将人均消费价格认定为受贿金额；再比如，接受旅游安排的，行贿人提供车辆、陪同就餐等花费，有时难以折算价值或者调取消费价格，也不易认定受贿金额。考虑到受贿犯罪主要是以数额来评价危害性，对于国家工作人员和行贿人交往中，接受服务不能折算价值的，虽不能作为受贿犯罪数额认定，但可以依照《党纪处分条例》相关规定认定为违纪问题。

二、达不到犯罪证明标准的财产性利益输送行为，可视情作为违纪问题单独认定

实践中，国家工作人员（党员）收受行贿人给予的贵重财物，如烟、酒、消费卡、表、手镯等物品，有时会因物品已经消耗、灭失，导致或未能查扣到原物进而鉴定价值，或无法调取购买凭证、消费流水等证据，无法形成完整链条，达不到受贿犯罪的证据标准。对于此类问题，实践中有的既不作为犯罪认定，也不作为违纪问题处理。实际上，由于党纪处分和刑事处罚的性质不同、程序不同、后果不同，二者的证据标准是不同的，职务犯罪的证据标准非常高，需要达到“排除一切合理怀疑”的程度，但在违纪违法问题认定中，从取证成本、工作效率和必要性等方面综合考虑，在证据的全面性、延展性上可以适当降低，只需达到“明确合理可信”“清晰且令人信服”即可。因此，对于国家工作人员收受行贿人的部分财物或其他财产性利益，因取证达不到刑事证据标准的，在具备一定证据的情况下，可以作为违纪违法问题予以认定。比如，案例中甲收受乙给予的6瓶茅台酒，因原物已消耗，在受贿事实认定和具体数额确认上达不到刑事证明证据标准，但在甲乙双方交代一致的情况上，可以将此问题认定为《党纪处分条例》第八十八条“收受可能影响公正执行公务的礼品”。再比如，国家工作人员多次让行贿人用现金为其聚餐

买单，如果只有双方证言，缺乏能够精准证明用餐时间、地点、金额的客观证据，则不认定为受贿犯罪而认定为违反廉洁纪律更适宜。对相关涉案财物，可由被审查调查人主动折价登记上交。

三、除干部选拔任用类外，其他受贿谋利事项不宜再作为违纪违法问题予以认定

对于已经作为受贿犯罪谋利事项的问题，能否再作为违纪问题予以评价认定，一直存在较大争议，但根据中央纪委国家监委案件审理室指导案例，目前实践中普遍做法是除了干部选拔任用类可同时认定为违反组织纪律外，对受贿犯罪中的其他谋利事项一般不再单独作为违纪问题评价。由此可见，对于未被作为受贿罪构成要件的谋利事项，如果其与收受财物之间的非关联界限十分明确，能够单独被分割出来，则可以作为违纪问题予以认定。反之，考虑实践中的普遍做法，从统一执纪尺度的角度出发，不宜将其单独从受贿构成要件中摘出，作为违纪问题认定。对此，需根据具体案件中国家工作人员和行贿人的日常联系程度、收送财物和请托谋利事项的时间等因素判断。比如，上述案例中，甲乙二人日常交往密切，乙给予甲财物均是在中秋节、春节等时间点，其目的显然是为了拉近与甲的感情，感谢和希望甲提供的帮助，根据上述情况，很难判断出该100万元钱款中，哪笔对应着哪个工程项目，因此不宜单独人为地摘出一个项目作为违纪问题认定。如果上述案件的个别谋利事项，因证据不能达到职务犯罪证据标准，未作为受贿犯罪要件，但达到了违纪违法的证据标准，可以考虑认定为违纪违法问题。同时，如果谋利事项没有对应具体收受行为，不能认定涉嫌受贿犯罪谋利事实，则可考虑作为违纪违法问题认定。比如，2015 年甲帮助行贿人乙之子安排工作，乙为感谢甲送给其 10 万元，2020 年，甲应乙请托帮助其承揽某工程，乙未给予任何财物。此案例中，谋利事项与收受财物之间的对应关系十分明显，对 2020 年甲帮助乙承揽工程的行为，可单独认定为《党纪处分条例》第一百二十六条“违反有关规定干预和插手经济活动”问题。

（艾　萍）

（原载于《中国纪检监察报》2022 年 3 月 16 日）

20. 如何认定违规借用款物行为

典型案例

案例一 唐某，中共党员，某县经信委主任。唐某弟弟的公司急需50万元资金，唐某以资金周转为由，从本地A企业老板董某处借50万元，约定借款时间1年，年利率2%。半年后，唐某弟弟将该款项还给唐某。在向董某征得延期还款一年同意后，唐某又将这笔钱借贷到本地B企业，年利率15%。两年后才将该款还给A企业。借款前，唐某与董某相识，借款期间，唐某未利用职权为董某谋利。

案例二 赵某，中共党员，某区原副区长。赵某的儿子计划出国留学，W公司经理王某送给赵某10万元表示“资助”，赵某写了一张10万元的借条。但直至案发，赵某都没提过还钱的事。

案例三 陈某，中共党员，某市建设局副局长。陈某向S企业老板孙某提出借用一辆汽车。为此，孙某购买了一辆新的奥迪轿车交给陈某。一年后，陈某购置一辆轿车，但没有把车还给孙某，而是送给自己的弟弟，直到五年后陈某被查。

处理意见

第一种意见认为：上述三人均涉嫌受贿犯罪。

第二种意见认为：唐某违反了党的廉洁纪律；赵某和陈某涉嫌受贿犯罪。

评析意见

笔者同意第二种意见。三人行为性质不同，应当区别对待。

一、案例一中唐某构成违规借款行为，案例二中赵某构成受贿行为

唐某和赵某都属于借款行为，但性质不同。关于“以借款为名索取或者非法收受财物行为的认定”问题，2003年11月最高人民法院《全国法院审理经济犯罪案件工作座谈会纪要》规定“国家工作人员利用职务上的便利，以借为名向他人索取财物……应当认定为受贿。具体认定时，不能仅仅看是否有书面借款手续，应当根据以下因素综合判定：（1）有无正当、合理的借款事由；（2）款项的去向……”

据此，案例一中，唐某以资金周转为由，向管理对象借款50万元，有正当的借款事由，合理的款项去向，有归还的意思表示和归还的能力，也没有为对方谋利，应当是借款而不是受贿。但是唐某以较低利率借用管理对象钱款，影响公正执行公务，情节较重，构成《中国共产党纪律处分条例》第九十条第一款规定的违规借款物行为。唐某在解决资金困难后，将这笔钱借贷到B企业获得大额回报，影响公正执行公务，构成《中国共产党纪律处分条例》第九十条第二款规定的“通过民间借贷等金融活动获取大额回报”行为。

案例二中，赵某以借用为名收受王某10万元现金，说是“借钱”，但没有正当的借款理由，且直至案发，赵某都没提过还钱的事，这是典型的以“借用”为幌子的受贿行为。

二、案例三中陈某构成受贿行为

案例三中，案件焦点是陈某的行为属于借用还是受贿。关于“收受贿赂物品未办理权属变更行为的认定”问题，2007年最高人民法院、最高人民检察院《关于办理受贿刑事案件适用法律若干问题的意见》规定，认定以房屋、汽车等物品为对象的受贿，应注意与借用的区分。具体认定时，除双方交代或者书面协议之外，主要应当结合以下因素进行判断：（1）有无借用的合理事由；（2）是否实际使用；（3）借用时间的长短；（4）有无归还的条件；（5）有无归还的意思表示及行为。

据此，陈某“借用”S企业的轿车后，送给自己的弟弟，且没有归还的意思表示，“借”只是一种名义，应当认定为受贿行为。

三、准确认定违规借款物行为

（一）区别“违规借用”与“正常借用”。违规借用强调，党员与提供钱款、住房、车辆等的当事人存在管理与被管理、服务与被服务的关系，影响了公正执行公务。如果是亲属、朋友之间正常的借用，不在此限。

（二）区别“借用”与“收受”。借用的财物应主要是钱款、住房、车辆等耐耗品，如果是化妆品、食品、衣服等易耗品，且该物品已丧失了返还的价值，应当认定为收受而不是借用。

（三）区别“借用”与“受贿”的适用标准。区分“借用”还是“受贿”行为，根据财物范围不同，相关司法解释规定略有区别。如果涉及钱款，应当按照2003年11月最高人民法院印发的《全国法院审理经济犯罪案件工作座谈会纪要》进行认定；如果涉及房屋、汽车等物品，应当按照2007年最高人民法院、最高人民检察院《关于办理受贿刑事案件适用法律若干问题的意见》进行认定。

（四）区别“借用财物”与“其他费用”。涉及由他人支付的相关费用如何认定的问题。对于借用房屋、汽车的，对随之产生的折旧费，一般不宜认定为受贿。但是，在借用过程中，由他人支付的物业管理费用、水电费、维修费等，这些费用本来就应由借用人承担的费用，如果由他人承担与支付，与直接收受财物并没有区别。对于上述行为，建议按照受贿行为认定。

（王希鹏　中国纪检监察学院）

（原载于《中国纪检监察报》2018年11月7日）

21. 公务活动期间接受宴请行为如何定性

典型案例

王某，中共党员，A 省教育厅就业处处长。2018 年 11 月底，王某带队一行 3 人到 7 所高校进行某专项检查期间，分别接受了 7 所高校的 7 次接待。具体情况为：3 所异地民办高校分别在对外营业酒店接待了王某一行，3 次接待费用 1000 元至 2000 元不等，陪餐人数为 5 人至 7 人不等；1 所同城省属高校在 A 省教育厅附近一家对外营业的餐馆接待了王某一行，检查组 3 人及陪同人员 3 人共消费 360 元；3 所异地省属高校在学校内部餐厅、定点接待场所接待王某一行，费用未超过 A 省党政机关工作餐（中、晚餐）上限 90 元/人的标准，3 次接待陪餐人数为 5 人至 6 人不等。

处理意见

第一种观点认为：王某接受7所高校超标准、超范围公款接待，违反了中央八项规定精神和廉洁纪律，且该问题发生在党的十八大之后并多次发生，情节较重。因此，根据《中国共产党纪律处分条例》第一百零六条“违反公务接待管理规定，超标准、超范围接待或者借机大吃大喝，对直接责任者和领导责任者，情节较重的，给予警告或者严重警告处分；情节严重的，给予撤销党内职务处分”之规定，应给予其党内警告处分。

第二种观点认为：王某的行为虽发生在党的十八大之后，但量纪时应考虑以下因素：一是公务接待提供的是工作餐，未提供高档菜肴、香烟、高档酒水等情况，且王某对其中超标准接待的情况并不知情；二是陪餐人数、费用超标的责任在学校；三是王某接受违规接待发生在一次专项检查期间，属于延续性行为，不应认定为多次发生。综合考量违规接待超标准、超范围程度、造成浪费的程度及造成不良影响程度，王某的行为尚未达到《中国共产党纪律处分条例》第一百零六条“情节较重”的情形，不宜给予王某党纪处分，可对其进行诫勉处理。

第三种观点认为：应从就餐地点、餐费金额、陪餐人数等方面综合分析王某的行为，从而准确定性量纪。

评析意见

笔者赞同第三种观点。

2013年12月，中共中央办公厅、国务院办公厅出台了《党政机关国内公务接待管理规定》，要求各级党政机关结合当地实际，完善国内公务接待管理制度、制定国内公务接待标准。A省结合本省实际出台了《A省党政机关国内公务接待管理办法》《关于明确省级党政机关国内公务接待工作餐内部掌握标准的通知》《关于进一步规范省直机关国内公务接待的通知》等规定。

一、关于接受三所异地省属高校接待问题的定性处理

A省规定：省级党政机关国内公务接待活动中，确因工作需要，接待单位可以安排工作餐一次。一般情况下，工作餐上限标准为早餐50元/人，中、晚餐90元/人（不含酒水）。接待对象在10人以内的，陪餐人数不得超过3人。

笔者认为，王某在三所异地省属高校的公务活动结束之后，均在学校内部餐厅、定点接待场所就餐，就餐费用未超过A省党政机关工作餐（中、晚餐）上限不超过90元/人的标准，属正常的工作餐，但3次接待的陪餐人数均超过3人，违反了《A省党政机关国内公务接待管理办法》关于陪餐人数的规定。因此，接待方及王某均违反了《中国共产党纪律处分条例》第一百零六条之规定，属违规超标准接待问题。鉴于该违规行为的主要责任在接待方，王某虽未予制止，但责任相对较轻，可不给予其党纪处分，而对其进行批评教育。

二、关于接受三所异地民办高校接待问题的定性处理

笔者认为，尽管三所民办高校不属于党政机关、企事业单位，不适用《党政机关国内公务接待管理规定》《A省党政机关国内公务接待管理办法》等规定。但王某作为上级业务主管部门领导，从事的专项检查工作与高校招生计划安排、专业设置等挂钩，因此，王某接受三所民办高校的接待，违反了《中国共产党纪律处分条例》第九十二条“接受、提供可能影响公正执行公务的宴请或者旅游、健身、娱乐等活动安排，情节较重的，给予警告或者严重警告处分；情节严重的，给予撤销党内职务或者留党察看处分”的规定，系接受可能影响公正执行公务的宴请行为，且该行为多次发生，情节较重，应给予其党内警告处分。

三、关于接受同城省属高校接待问题的定性处理

A省对同城接待进行了规范：“同城公务活动严禁相互吃请……对同城公务活动确因工作时间较晚、返程距离过远或者当日需要连续工作、自行用餐有困难的，接待单位

可安排盒饭、份饭或不超过40元/人标准的工作简餐。”

笔者认为，王某接受同城高校的接待超过了40元/人的标准，且不属于自行用餐有困难的情形，不符合接受同城工作简餐的要求，违反了《中国共产党纪律处分条例》第一百零三条的规定，属违规参加用公款支付的宴请行为。鉴于此次同城接待仅超出规定标准20元/人，错误情节显著轻微，可免于纪律处分，对其诫勉处理为宜。

综上，王某带队到相关高校进行公务活动期间，违规接受三所民办高校提供的可能影响公正执行公务的宴请，违规接受同城高校用公款支付的宴请，对三所异地省属高校陪餐人数超标问题未予制止，上述行为违反了中央八项规定精神和廉洁纪律。应根据《中国共产党纪律处分条例》第九十二条、第一百零三条的规定，给予王某党内警告处分。

（范晓东　湖北省纪委监委第一案件审理室）

（原载于《中国纪检监察报》2019年7月3日）

22. 党员干部购买“新三板”股票是否构成违纪

典型案例

某市国有企业总经理王某购买“新三板”股票并获利，其所在的国有企业与该“新三板”企业之间没有任何业务关系，王某的职权与该“新三板”企业无管辖关系，王某也未获取该“新三板”企业的内幕信息。王某的行为是否违反廉洁纪律？

处理意见

第一种观点：根据《党纪处分条例》第九十四条的规定，持有“新三板”股票属于拥有非上市公司（企业）的股份或者证券的情形，涉嫌违反廉洁纪律。

第二种观点：“新三板”股票虽然不是上市公司股票，

但其针对的是不特定对象，面向全国发行，其场所性质和法律定位与证券交易所是相同的，从《党纪处分条例》第九十四条规定的实质出发，不宜将王某的行为认定为违反廉洁纪律。

评析意见

笔者同意第二种观点，即不能简单从《党纪处分条例》的字面含义去理解，而应当从实质去理解第九十四条的规定。笔者以下从规定出台的依据、原因，“新三板”股票的性质、党员对象的身份等几方面进行解析。

一、规定出台的依据和原因

2003 年《党纪处分条例》没有规定党员干部不能持有非上市公司的股份或者证券，2015 年《党纪处分条例》第八十八条规定了党员干部不能持有非上市公司（企业）的股份或者证券，2018 年《党纪处分条例》第九十四条也规定了党员干部不能持有非上市公司（企业）的股份或者证券。《党纪处分条例》中设置此条款，相关依据有《关于党政机关工作人员个人证券投资行为若干规定》（以下简称《党政机关人员投资若干规定》）、《中共中央、国务院关于进一步制止党政机关和党政干部经商、办企业的规定》（以下简称《制止党政机关和党政干部经商、办企业的规定》）、

《国有企业领导人员廉洁从业若干规定》《中华人民共和国证券法》《中华人民共和国公务员法》等，主要目的是禁止党和国家机关中具有公职身份的党员，违反国家规定经商办企业，禁止国有企业领导人员在本企业的同类经营企业、关联企业和与本企业有业务关系的企业投资入股。因为拥有非上市公司（企业）的股份或者证券，实际上就是经商办企业，是违反规定从事营利活动的行为。

有的同志会提出疑问，为何会允许党员持有上市公司的股份或证券？理由是上市公司的股票或者证券没有特定发行对象，任何人都可以购买成为股东，但都不参与经营管理。按照有关规定，国家公职人员除了有明确的禁止规定以外（如《党政机关人员投资若干规定》中提到的 7 种禁止行为和 4 类禁止人员），可以在证券市场上购买上市公司的股票或者证券，不能认定为经商办企业。

二、“新三板”股票的性质

“新三板”是全国中小企业股份转让系统交易的股份，2006 年，中关村科技园区非上市股份公司进入代办转让系统进行股份报价转让，称为“新三板”，2012 年 9 月正式注册成立，是继上海证券交易所、深圳证券交易所之后的第三家全国证券交易性场所。“新三板”股票与上海、深圳证券交易所的上市公司股票的主要区别在于：一是服务对象不同，“新三板”主要是为创新型、创业型、成长型中小微企业发展服务；二是投资者群体不同，“新三板”以机构投资者为主，自然人投资有准入条件限制；三是“新三板”主要是为企业发展、资本投入与退出服务。“新三板”主要体现在挂牌速度快，企业准入门槛低，是属于全国监管范围下的场外交易市场。

“新三板”股票虽然不是上市公司发行的股票，但其场所性质和法律定位上，与证券交易所是相同的，都是多层次资本市场体系中的重要组成部分，甚至被称为上市公司的“预备场”和“练兵场”，其同样是面向全国不特定对象发行，只是目前发行量少于上市公司。

三、持有“新三板”股票不宜认定为违纪

鉴于“新三板”股票的交易场所和法律定位与证券交易所相同，均是面向全国发行，任何人都可以购买其股票，没有特定对象的要求。而《党纪处分条例》第九十四条规定的实质是禁止党员干部在非上市公司（企业）中持有股份，成为非上市公司（企业）的股东，利用职权或者内幕信息买卖股票，为自己谋求私利，妨碍市场经济秩序的公平和公正。因此，笔者认为，如果党员干部或国有企业领导没有利用职务之便获取该“新三板”企业的内幕信息，职务上与该“新三板”企业没有关联，没有利用职务影响或不正当手段强买强卖，其所在国有企业与该“新三板”企业也没有任何业务上的往来，则党员干部或者国有企业领导持有“新三板”股票的行为不宜认定为违纪，持有“新三板”股票等同于持有上市公司的股票。因此，在本案中，王某购买“新三板”股票过程中并没有利用任何职务便利，其所在企业与购买“新三板”的企业并无任何关联，根据《党纪处分条例》第九十四条规定的实质，王某持有“新三板”股票的行为不宜认定为违纪。

需要注意的是，《党纪处分条例》第九十四条的规定是否适用于一般党员呢？笔者认为，根据《制止党政机关和党政干部经商、办企业的规定》相关规定，《党纪处分条例》第九十四条规范的主体是党和国家机关具有公职身份的党员，一般党员（如私营企业中的党员）并不适用，其可以经商办企业；另外，对非党员的公务员又是如何规定的呢？根据《公务员法》有关规定，公务员不能违规从事或者参与营利性活动，在企业或者其他营利性组织中兼任职务，但是可以持有上市公司（企业）的股份或者证券。

（杨　敏　付　余　广东省佛山市纪委监委案件审理室）

（原载《中国纪检监察报》2019 年 5 月 29 日）

23. 合作投资型受贿与违规从事营利活动之辨

典型案例

案例一 党员领导干部甲，利用职务便利为辖区内某房地产公司老板A投资的房产项目在用地事项上提供帮助。事后甲提出想投资入股，A为感谢甲的帮助，表示同意。甲遂投资50万元到A的房地产公司。其间，甲多次取得分红款，共计260万元，其中超过公司正常分红比例部分为140万元。

案例二 党员领导干部乙，利用职务便利为辖区内某矿山公司顺利竞得采矿权提供帮助，后该公司为表示感谢欲送现金，乙担心现金易暴露未收受。乙提出想投资入股500万元，该公司表示同意。后乙与B、C三人共筹集500万元投资到该公司，其中乙出资100万元，B、C各出资200万元，并以B的名义签订了投资协议，约定共享收益、共担风险，并按照持股比例分红。公司经营连年盈利，其间，三人多次分红总计 750 万元（未超过公司正常分红比例），乙分得 150 万元。

处理意见

第一种意见认为：甲、乙的行为均涉嫌受贿罪。理由是，前期为请托人谋利，后期请托人为表示感谢以“投资分红”的方式兑付甲、乙前期以权力提供的帮助，出资和协议均为幌子，实际欲借投资之名行受贿之实，符合贿赂犯罪权钱交易的本质特征，均应以涉嫌受贿罪论处。

第二种意见认为：甲的行为构成违纪并涉嫌受贿罪，乙的行为构成违纪但不涉嫌受贿罪。其中，甲投资房地产公司所获分红中的正常部分应认定为违纪所得，超出正常部分应认定为受贿；乙前期虽为矿山公司谋利，但其后该公司欲送现金遭乙拒绝，此时受贿故意阻断，此前的谋利事项仅为乙换取了投资机会，乙有实际投入，且总体分红未超出正常比例，不属于合作投资型受贿，其行为应以违规从事营利活动定性处理。

评析意见

笔者赞同第二种意见。实践中，党员领导干部以各种方式投资入股情况较为多发，以开办公司等名义合作投资收取利润的行为，究竟定性为合作投资型受贿还是违规从事营利活动，争议较大。

一、合作投资型受贿的理解与把握

合作投资型受贿系“两高”《关于办理受贿刑事案件适用法律若干问题的意见》（以下简称《意见》）规定的新型受贿方式。根据《意见》，合作投资型受贿主要有两种形式，收受出资型和收受利润型。无论何种形式，在认定受贿时都需同时具备两个要件，其一是未实际出资，其二是未参与经营管理。在不符合两者之一的情况下一般排除受贿罪的认定，一是有真实出资（不限于货币形式），而非请托人垫资或其他形式的“空手套白狼”；二是确实参与了经营管理，付出了实际劳动或服务，某种情况下经营管理行为亦可成为一种出资方式，其获得利润具有一定的正当性，一般不作受贿处理。

但是并非只要实际出资就一定不构成犯罪，有下列情形之一的仍可能涉嫌受贿罪：一是公司实际经营并盈利的情况下，给国家工作人员分配的利润超出其应得收益；二是公司本身没有实际经营或盈利的情况下，仍给国家工作人员分配利润；三是公司本身没有实际经营或盈利的情况下，国家工作人员仍然向公司索取利润；四是公司同期未给其他股东分配利润的情况下，只给国家工作人员分配利润。

二、违规从事营利活动与合作投资型受贿的区分与界限

党员干部违规从事营利活动，撇开身份来说，笔者认为，可分为正常经营行为与非正常经营行为。正常经营行为，指在经营活动中有实际出资或参与经营管理，承担投资风险，分得利润正当合理的情况，此时结合身份一般定性为违规从事营利活动，不以利用职务之便为要件，若利用职务之便，所分利润超出应得收益，则可能构成受贿，例如案例一。非正常经营行为，指实由他人出资或自己象征性出资，不参与经营管理，不承担经营风险，坐享收益的情况，此乃假投资假合作，涉嫌合作投资型受贿，这种情况必须也必然要利用职务之便。由此看出，违纪与受贿的界限根本在于收益与付出的对价性，所获收益依赖于实际出资还是职权地位，若系实际出资之对价，只要回报与投资基本成比例，则构成违纪；若系职权地位之对价，则涉嫌受贿犯罪。

回到本文的两个案例，前期谋利后请托人为表示感谢，均同意让他们投资，里面确有权力入股的成分，存在利益输送，乍一看很像受贿（特别是案例二），易与违规从事营利活动混淆。在现有法律框架之下，党员干部本人有真实出资难以被评价为犯罪。如前所述，真实出资获取的收益

和其职务行为的对价性已经不完全对等或者说不纯正了，不是《意见》上所指的对价行为。换言之，职务与收益之间的对价关系不成立或者说不完全成立。此时认定犯罪应持审慎态度和谦抑原则。此外，还可结合有无参与经营管理、有无利润差额、是否承担经营风险、公司有无资金需求、有无盈利等因素去综合判断。

（段海龙　浙江省湖州市吴兴区纪委监委）

（原载于《中国纪检监察报》2021 年 8 月 18 日）

24. 斡旋受贿还是违规从事有偿中介活动

典型案例

甲，中共党员，某出版社副社长，曾任某报社发行部处长。乙，中共党员，某报社退休干部，退休前任某报社研究部处长，与甲曾系某报社同事关系。丙，中共党员，系乙的丈夫，某大型国有金融企业A公司副总经理，与甲也相识。丁，某私营企业B公司老板。2020年，经朋友介绍，甲与丁相识。丁因公司融资需要找到甲，希望其帮忙寻找融资渠道，并与甲签订了书面协议，约定事成之后按照融资额的2%给甲感谢费。此后，甲通过乙找到其丈夫丙帮助。丙称，鉴于甲和乙的老同事关系且其与甲彼此也认识，就将B公司推荐给A公司下属全资企业C公司。C公司按程序对B公司进行尽职调查、现场考察、审核评估、集体审议后，同意与其进行合作。B公司与C公司签订协议，从 C 公司处成功融资 3000 万元。事后，甲收受丁给予感谢费现金 60 万元，用于个人日常开支。

处理意见

本案中，对甲的行为应如何定性，存在分歧。

第一种意见认为：甲利用某出版社副社长这一职务形成的便利条件，通过丙的职权帮助 B 公司融资，事后收受 B 公司老板丁给予的感谢费 60 万元，其行为属于斡旋受贿行为，应以涉嫌受贿罪追究其纪法责任。

第二种意见认为：甲通过其他国家工作人员职务上的便利，为 B 公司融资谋取利益，事后收受丁给予的感谢费 60 万元，其行为属于违规从事有偿中介活动，违反了党的廉洁纪律。

评析意见

笔者赞同第二种意见，具体分析如下。

一、甲的行为不属于斡旋受贿

斡旋受贿是指国家工作人员利用本人职权或者地位形成的便利条件，通过其他国家工作人员职务上的行为，为请托人谋取不正当利益，索取请托人财物或者收受请托人财物的，以受贿论处。其构成要件主要有三：（1）行为人作为国家工作人员利用了本人职权或地位形成的便利条件，即与被利用的国家工作人员在职权上虽然没有隶属制约关系，但行为人利用了本人职权或者地位产生的影响和一定的工作联系；（2）通过其他国家工作人员职务上的行为，而非自己职务上的行为；（3）必须是为请托人谋取了不正当利益。

首先，甲作为国家工作人员，其找丙帮忙并非基于其国家工作人员身份，利用本人职权和地位形成的便利条件，而是因为其与丙的妻子乙曾是同事关系，早就与丙相识，是基于二人的朋友关系找到丙。其次，从甲与丙的职权地位来看，甲在出版社、丙在国有大型金融企业，二者毫无隶属、制约关系，且并无任何工作上的联系。丙表示，其之所以帮助甲，是因为甲是其妻子的老同事，自己和甲也认识，抹不开面子。最后，B 公司与 C 公司是商业合作关系，B 公司的资质也符合 C 公司对融资对象的要求，且经过了 C 公司的相关融资程序，两个公司的合作互利具有正当性。甲未参与双方的融资谈判，也没有为 B 公司获取较低的融资利率，其行为并未导致 B 公司在平等市场主体中获得竞争优势，未违背市场交易公平公正原则，不符合为请托人谋取不正当利益的构成要件。综上，甲的行为不符合斡旋受贿的构成要件，不构成受贿罪。

二、甲帮丁融资是提供信息服务收取钱财的“有偿中介活动”

有偿中介活动是指通过为销售方、购买方、服务人或服务对象等沟通信息、介绍业务而收取钱财的一种经济活动。甲帮助丁的B公司寻找C公司作为融资渠道的行为，实际上是基于信息不对称，为丁的B公司融资牵线搭桥，提供有偿信息服务。其本人并未实际参与B、C公司之间的融资谈判，介绍业务成功后，收受了丁给予的60万元感谢费，也是事前与丁合作协议中予以明确约定的事项。因此，甲的行为属于从事有偿中介活动范畴，违反了《中国共产党纪律处分条例》第九十四条违规从事营利活动之规定。

综上，甲身为国家工作人员，利用与国家工作人员丙的朋友关系，通过丙职务上的行为，帮助B公司融资，并收受B公司负责人丁给予的感谢费60万元，其行为属于在经济活动中提供信息服务的有偿中介活动，而非斡旋受贿。在办理违规从事有偿中介活动违纪案件时，要严格按照违纪、职务违法、犯罪的构成要件，准确界定违纪与违法、罪与非罪、此罪与彼罪等，做到定性准确、处理恰当，精准执纪执法，实现政治效果、纪法效果和社会效果相统一。

（李　江　张　帅　中央纪委国家监委驻人民日报社纪检监察组；光明日报社机关纪委）

（原载于《中国纪检监察报》2021年12月1日）

25. 利用职务便利与利用工作便利辨析

典型案例

周某，中共党员，A 县卫健委副主任。2013 年，周某经其朋友赵某介绍认识 A 县 B 医院（私营）院长张某，后张某联系周某，让其帮忙介绍病人，每月支付报酬 2500 元。周某联系了乡镇计生办主任王某（周某妹夫）、计生办退休干部李某（周某党校同学）、平素关系较好的个体医生等 6 人，告诉他们有个“挣钱”的机会，将他们发展为“中间人”。这 6 人各自帮忙联系亲戚朋友或者病人到 B 医院免费体检和就诊治疗。B 医院派业务员陈某联系 A 县业务，与周某发展的 6 名“中间人”共同负责接送 A 县病人到 B 医院体检就诊，并向“中间人”支付相关报酬。2013 年至 2017 年期间，周某通过上述方式为 B 医院介绍病人，共计收取报酬 7 万余元。

处理意见

本案中，周某的行为定性存在争议。

第一种观点认为：周某帮助B医院发展业务的过程中，利用其作为A县卫健委领导的职务便利，为他人谋取利益，收受他人财物，涉嫌受贿犯罪。

第二种观点认为：周某帮助B医院发展业务的过程中，并未利用其职务便利，而是利用其工作上的便利条件，凭借熟人关系介绍业务，其不符合受贿罪利用职务之便的构成要件，其行为应定性为违规从事有偿中介活动，违反了廉洁纪律。

评析意见

笔者赞同第二种观点。周某帮助B医院发展业务的过程中，虽然其具有A县卫健委领导的身份，但从其发展的6名“中间人”来看，王某为其亲戚，李某为其党校同学，其余的个体医生也是其平素关系较好的朋友，其中，虽然王某为卫健系统现职干部，李某为卫健系统退休干部，但周某在发展他们为“中间人”时，主观上并无利用自己职务上的便利的故意，只是提供一个“大家有钱一起挣”的机会，且客观上也未利用职权或因职权地位而形成的便利条件，只是利用了他们之间的私人关系。从这6名“中间人”答应此事的情况来看，并非出于对周某职权的考虑，而是觉得这个机会不错，能“挣点钱”，是出于对彼此之间私交的信任和利益的诱惑。整个过程，并未发生公权力与金钱的交易，故周某的行为不构成受贿罪。

正确把握受贿犯罪“利用职务便利”要从其内涵及外延上进行实质性理解，主要从以下两个方面进行认定。

一、正确理解受贿罪中“利用职务上的便利”

受贿罪的本质特征是权与钱的不法交易，侵害了国家工作人员职务行为廉洁性及不可收买性，对“利用职务上的便利”的理解，应结合受贿罪的这一本质特征。2003年最高人民法院《全国法院审理经济犯罪案件工作座谈会纪要》指出：“刑法第三百八十五条第一款规定的‘利用职务上的便利’，既包括利用本人职务上主管、负责、承办某项公共事务的职权，也包括利用职务上有隶属、制约关系的其他国家工作人员的职权。担任单位领导职务的国家工作人员通过不属于自己主管的下级部门的国家工作人员的职务为他人谋取利益的，应当认定为‘利用职务上的便利’为他人谋取利益。”由此可见，利用职务上的便利主要表现为两种形式：一是直接利用职权，即利用本人职务范围内直接处理某项事务的权力；二是利用职务上存在隶属、制约关系的其他国家工作人员的职权。对于第一种情况，是典型的受贿行为，理论和实践中不存在争议。对第二种情况，笔者认为应当重点从以下四个“是否”进行审查判断：

一是行为人是否利用自己主管、分管的下属国家工作人员的职权。

二是行为人是否利用不属于自己主管、分管的下级部门国家工作人员的职权，即利用与自己没有直接分管、隶属关系但客观上存在制约关系的下级部门国家工作人员职务上的行为。

三是行为人是否利用自己居于上级领导机关的地位而形成的对下级部门国家工作人员的制约力。上级领导机关的普通工作人员对下级机关的国家工作人员一般存在制约关系，特别是同一业务系统的。

四是行为人是否利用自己居于监管地位所形成的对被监管对象（非国家工作人员）的制约力。这种制约应作严格限制，所谋利事项必须是国家工作人员职权的直接延伸即可实现的，在其职权范围内国家工作人员对非国家工作人员具有直接约束力，可以令非国家工作人员实现该谋利事项。

需要注意的是，我国现行刑法中，受贿犯罪“利用职务便利”比贪污犯罪“利用职务便利”内涵宽泛，在受贿犯罪中，凡是一切可以用来换取他人财物的职务都可以被利用，而贪污罪中能利用的“职务便利”往往限于行为人正在主管、管理、经手公共财物的便利。

二、“利用职务上的便利”与“利用工作便利”的区分

所谓的利用工作便利，指利用从事某种工作的时机、对工作环境的熟悉、在工作过程中建立的人际关系、在工作单位偶然获得的某种信息等。与受贿罪职务上的便利不同，工作便利本质上与本人职务无关，既没有利用职权，也没有利用职务或地位形成的制约力，只不过这种便利或人与人之间的关系是在工作中建立的。若把利用工作便利也作为受贿罪的构成要件，把职务便利与工作便利混为一谈，就从根本上背离了受贿罪权钱交易的本质，混淆了罪与非罪的界限，势必造成在司法实践中打击面扩大的现象。

综上，实践中在认定受贿案件中的“利用职务便利”时，应准确把握利用职务便利和利用工作便利，更好地区分罪与非罪、此罪与彼罪、违纪与违法，严格依照纪律和法律的尺度，进一步深化纪法贯通、法法衔接。

（彭海军）

（原载于《中国纪检监察报》2019 年 7 月 10 日）

26. 准确区分贪污与侵占公私财物违纪行为

典型案例

郭某，中共党员，某县常务副县长，分管县政府办公室、发展改革、财政等工作。2016 年 4 月，郭某将其与妻子用于个人消费的 5 万元，以公务支出的名义交该县政府办公室科员林某报销，由其签字同意。其间林某亦私下将个人费用 0.8 万元混杂其中一同报销。

2017 年 3 月，郭某到分管的县财政局调研时，将其春节期间因个人送礼、宴请等原因在某商行购买高档礼品产生的费用 7 万元，要求县财政局长甲使用公款予以解决。在郭某不知情的情况下，陪同调研的林某亦将个人费用 0.5 万元交由甲解决。后甲通过虚列工程项目的方式套取公款 7.5 万元，以现金形式分别交给郭某和林某。

2017 年 8 月，郭某将其家庭用车产生的各项费用共计 2

万元的发票交该县辖区内农村信用合作联社理事长乙，由乙在联社予以报销。

处理意见

本案中，对于郭某、林某的行为，是违反2015年《党纪处分条例》第九十四条之规定，构成侵占公私财物的违纪行为，还是违反刑法第三百八十二条之规定，构成贪污，有三种不同意见。

第一种意见认为：应以是否套取现金归个人使用作为区分标准。套取现金归个人使用，构成贪污；而未套取现金仅使用发票进行报销的，尤其是使用真实发票报销的，构成侵占公私财物的违纪行为。

第二种意见认为：应以是否在本单位以外的独立核算单位报销作为区分标准。郭某、林某利用主管、经手的职务便利，在本单位报销，构成贪污；在本单位以外的县财政局、农村信用合作联社报销，构成侵占公私财物的违纪行为。

第三种意见认为：应以是否利用职务上的便利非法占有了公共财物作为区分标准。郭某利用对县政府办公室、县财政局分管的职务便利，报销5万元及套取7万元的行为，以及林某利用经手的职务便利，报销0.8万元的行为，构成贪污；因郭某对县农村信用合作联社、林某对县财政局，均不具备主管、管理、制约等职权，两人利用职务影响力在上述单位报销2万元和套取现金0.5万元，构成侵占公私财物的违纪行为。

评析意见

本案中，笔者支持第三种意见，主要理由如下。

一、准确理解贪污罪中的“利用职务上的便利”

贪污罪，是指国家工作人员利用职务上的便利，以非法占有为目的，侵吞、窃取、骗取或者以其他手段非法占有公共财物的行为。可见，利用职务上的便利是贪污行为成立的前提条件。最高人民检察院《关于人民检察院直接受理立案侦查案件立案标准的规定（试行）》明确：在贪污罪中，“利用职务上的便利”是指利用职务上主管、管理、经手公共财物的权力及方便条件。“主管”，一般是指国家工作人员不具体管理、经手公共财物，但具有调拨、支配、转移、使用或者以其他方式支配公共财物的职权。既指一般意义上的部门负责人主管，又包括上级领导依职责分工的分管，也包括“一把手”抓全面工作的统管，还包括领导层中非主管领导由于工作协作分工而对公共财物职能部门的协管。“管理”，是指具有监守或者保管公共财物的职权。既包括国家工作人员依职务对公共财产的管理，还包括受国家机关、国有公司、企业、事业单位、人民团体委托对国有财物的管理和经营。“经手”，是指因执行公务而具有的领取或者支出公共财物的职权。此外，2012 年最高人民法院《关于发布第三批指导性案例的通知》，在杨延虎等贪污案指导案例中，明确“利用职务上的便利”既包括利用本人职务上主管、管理公共财物的职务便利，也包括利用职务上有隶属关系的其他国家工作人员的职务便利。

本案中，郭某对县政府办公室的财务工作具有主管的权力，同时，依职权分工，其对县财政局也具有分管的权力，这些都属于刑法意义上“主管”的范畴。林某趁为郭某报销之机，对本人 0.8 万元的票据进行报销，属于刑法意义上的“经手”。

二、准确理解贪污罪中的“非法占有公共财物”

贪污罪侵犯的客体是国家工作人员职务行为廉洁性和公共财产所有权。刑法明文列举了贪污行为的四种手段：侵吞、窃取、骗取以及其他手段（如挪用公款后携款潜逃等）。贪污行为，既可能表现为将基于职务占有的公共财物转变为自己不法占有的财物，也可能表现为利用职务上的便利将自己没有占有的公共财物转变为自己不法占有。需要注意的是，秘密性并非贪污行为的构成特征，不论是秘密还是公开，采取上述手段贪污公共财物的行为均可能构成贪污罪。

可见，贪污罪的实质是利用职务便利使公共财物的所有权发生转移。分歧意见中的前两种观点，把是否以套取出现金，是否在本单位报销，报销事由、票据是否真实等作为辨析贪污行为的标准，偏离了贪污行为构成要件的含义。本案中，郭某在县政府办公室报销的5万元费用、在县财政局报销的7万元开支，以及林某报销的0.8万元个人费用，无论是使用真实发票还是虚假发票，无论有无套取现金，均是以非法占有为目的解决个人费用，符合贪污行为的构成要件。鉴于林某涉案金额没有达到犯罪追诉的标准，可以依据纪法衔接条款追究其违纪责任。

三、审慎认定侵占公私财物的违纪行为

实践中，对贪污和侵占公私财物违纪行为的理解容易混淆，导致出现定性不准、处理畸轻等问题。具体表现为：一是将某些情形（如未达到犯罪追诉标准）的贪污行为认定为侵占公私财物的违纪行为。如前文所述，这种定性是不准确的，应依据纪法衔接条款予以追究。二是未能准确把握2015年《党纪处分条例》第九十四条中“非本人经管的公私财物”的内涵。从字面上看，该违纪行为侵占的是非本人经手、管理的财物，贪污占有的是本人主管、管理、经手的财物。据此，有观点认为，经管仅限行为人直接经手、管理的财物，如果县长指令县财政局长将该县公款交其个人占有，因公款不是县长直接经手、管理的，属于非本人经管，所以其行为应认定为侵占公私财物，而非贪污，这种观点也是错误的。本案中，县农村信用合作联社的注册资本由自然人和法人股本构成，不接受各级财政资金入股，是具有独立企业法人资格的地方性金融机构，与县政府不存在上下级隶属关系。郭某在县农村信用合作联社报销个人费用2万元，之所以认定为侵占公私财物的违纪行为，是因为郭某更多地利用其职务的影响力，通过乙对所在单位财物的处置，才得以实现的。同理，林某作为县政府的普通干部，对财政局长甲尚未达到管理、制约的程度，其通过甲报销0.5万元的行为，亦应认定为侵占公私财物的违纪行为。

（赵浩源　陈　澍　郑华葆　广东省纪委监委；汕头市纪委监委）

（原载于《中国纪检监察报》2021年9月1日）

27. 私车公养行为党纪条规适用探析

典型案例

案例一　冯某，中共党员，某市某区安监局副局长。2017 年 1 月至 10 月，冯某私自用区安监局的公务加油卡给自己的私家车加油 3 次，共加注 95 号汽油 160 升，计人民币 1250 元。

案例二　张某，中共党员，某市某区市容局副局长。2018 年 1 月至 9 月，张某私自用市容局的公务加油卡给自己的私家车加油 5 次，共加注 95 号汽油 220 升，计人民币 1760 元。

案例三　陈某，中共党员，某公立小学校长（事业编）。陈某于 2018 年 1 月至 6 月，私自用学校的公务加油卡给自己的私家车加油 6 次，共加注 92 号汽油 280 升，计人民币 2020 元。

处理意见

上述案例中，对冯某、张某、陈某“私车公养”违纪问题如何适用党纪条款产生了分歧。

第一种意见认为：冯某、张某、陈某“私车公养”的行为违反中央八项规定精神，且发生在2018年《中国共产党纪律处分条例》（以下简称《条例》）实施前，应适用2015年《条例》中违反廉洁纪律的兜底条款即第一百零四条，给予三人党纪处分。

第二种意见认为：冯某“私车公养”的行为违反中央八项规定精神，应适用2015年《条例》第一百零四条之规定给予党纪处分。张某、陈某“私车公养”的行为违反中央八项规定精神，根据2017年12月施行的《党政机关公务用车管理办法》相关规定，应适用2015年《条例》第一百条之规定给予党纪处分。

第三种意见认为：冯某、陈某“私车公养”的行为违反中央八项规定精神，应适用2015年《条例》第一百零四条之规定给予党纪处分。张某“私车公养”的行为，应适用2015年《条例》第一百条之规定给予党纪处分。

评析意见

笔者同意第三种意见，具体分析如下。

党员干部“私车公养”行为违反的是廉洁纪律，应适用《党纪处分条例》中廉洁纪律的相关条款予以党纪处分。结合本案，为什么冯某、张某、陈某违纪事实基本相同，同样是“私车公养”，但适用《条例》的条款不同呢？这要从他们的违纪行为发生时间和他们的身份来进行分析。

一、从违纪行为发生时间分析

根据2018年《条例》第一百四十二条之规定，违纪案件的处理适用的是从旧兼从轻的原则。

案例一中的冯某，其违纪行为发生在2017年1月至10月，应适用2015年《条例》。2015年《条例》第一百条规定：“违反有关规定配备、购买、更换、装饰、使用公务用车或者有其他违反公务用车管理规定的行为，对直接责任者和领导责任者，情节较重的，给予警告或者严重警告处分；情节严重的，给予撤销党内职务或者留党察看处分。”根据该条款内容及当时的相关公务用车管理办法，该条款不包含“私车公养”行为。2015年《条例》第一百零四条规定：“有其他违反廉洁纪律规定行为的，应当视具体情节给予警告直至开除党籍处分。”该条款为廉洁纪律兜底条款。因此，对于冯某“私车公养”的行为应适用2015年《条例》第一百零四条给予党纪处分。

案例二中的张某，其违纪行为发生在2018年1月至9月，也应适用2015年《条例》。但2017年12月5日施行的《党政机关公务用车管理办法》第十六条规定：“党政机关应当加强公务用车使用管理，严格按照规定使用公务用车，严禁公车私用、私车公养，不得既领取公务交通补贴又违规使用公务用车。”这一规定明确了“私车公养”属于违反公务用车管理规定的行为。因此对于张某“私车公养”的行为应适用2015年《条例》第一百条给予党纪处分。

综上，若“私车公养”的行为发生在或持续到2016年1月1日至2017年12月4日期间，应适用2015年《条例》廉洁纪律的兜底条款即第一百零四条，给予党纪处分。若“私车公养”行为发生在或持续到2017年12月5日至2018年9月30日期间，应适用2015年《条例》第一百条给予党纪处分。此外，对于发生在或持续到2018年10月1日以后的“私车公养”行为，应适用2018年《条例》第一百零七条给予党纪处分。对于发生在或持续到2003年12月31日至2015年12月31日期间的“私车公养”行为，则适用2003年《条例》廉洁纪律的兜底条款即第八十二条给予党纪处分。

二、从违纪行为人的身份分析

案例三中的陈某，其违纪行为发生在2018年1月至6

月，与案例二中的张某违纪行为发生时间都是在 2017 年 12 月 5 日《党政机关公务用车管理办法》施行后，但为什么适用的条款不相同呢？这要从二人的身份进行分析。

《党政机关公务用车管理办法》第二条规定：“本办法适用于党的机关、人大机关、行政机关、政协机关、监察机关、审判机关、检察机关，以及工会、共青团、妇联等人民团体和参照《公务员法》管理的事业单位。”案例二中的张某系行政机关工作人员，适用该管理办法，而案例三中的陈某系某小学校长，不属于参照《公务员法》管理的事业单位，不适用该管理办法。因此，对于陈某“私车公养”的违纪行为仍应适用 2015 年《条例》第一百零四条给予党纪处分。

（刘　丽　殷佳佳）

（原载于《中国纪检监察报》2020 年 4 月 15 日）

28. 虚列开支发放生活用品行为如何定性

典型案例

2013 年至 2017 年，某乡政府在已按规定发放工会福利情况下，班子集体决定，以该单位重大活动保障责任较重为由，每年使用财政性资金购买、发放洗发水、沐浴露、牙膏、牙刷等洗浴洗漱用品，以“劳保用品”名义发放给干部、职工，人均一份，每年各两次、每次人均 200 元标准。该乡政府财务人员未请示领导，擅自将该项支出列支于“公用定额”等多项科目。5 年来，共计发放 50 余万元。

处理意见

对该事件如何定性，主要存在三种不同意见。

第一种意见认为：发放“劳保用品”行为合规，但是列支多项科目属于违反法律法规行为，应追究纪法责任。

第二种意见认为：发放“劳保用品”违反中央八项规定精神、违反廉洁纪律，应当追究党纪责任；虚假列支行为属违法行为，可追究责任，但在追责问责层面不应均给予党纪处分。

第三种意见认为：发放“劳保用品”和虚假列支行为均应给予党纪处分，同时对虚假列支行为依法追究法律责任。

评析意见

笔者同意第二种意见，理由如下：

一、“劳保用品”有特定含义

“劳保用品”，即劳动防护用品，是指用人单位为劳动者配备的，使其在劳动过程中免遭或者减轻事故伤害及职业病危险的个体防护装备。根据原国家安全监管总局发布的《用人单位劳动防护用品管理规范》、《个体防护装备选用规范 GB/T11651—2008》（2009 年）的相关规定，结合该单位实际工作，本案涉及的洗发水、沐浴露、牙刷、牙膏等物品不属于劳保用品。

应注意区分劳保用品和工会福利：一是发放主体不同，前者是用人单位，后者是工会组织；二是发放对象不同，前者是劳动者，后者是工会会员；三是发放范围不同，前者是按需发放，后者是按人发放；四是经费来源不同，前者是职工工作经费，后者是工会会费；五是发放内容不同，前者是为了劳动者在劳动过程中免遭伤害，所发用品的具体内容与劳动保护的内容紧密相关，具有很强的针对性，而后者的内容比较宽泛，与劳动内容无必要关系。

结合该单位重大活动服务保障工作实际，本案涉及的洗发水、沐浴露、牙刷、牙膏等物品应属工会福利，而不是劳保用品。

二、同时存在违规发放和虚假列支行为

本案中，该单位在已经按规定发放工会福利的情况下，以发放"劳保用品"为名发放实物，违反了中央八项规定精神。依据《违规发放津贴补贴行为适用〈中国共产党纪律处分条例〉若干问题的解释》（中纪发〔2012〕4号）第三条和《中国共产党纪律处分条例》第一百零四条的规定，"违反有关规定自定薪酬或者滥发津贴、补贴、奖金等"属于违反廉洁纪律行为，对相关责任人应给予党纪处分。

据查，该单位未有"劳保用品"预算，根据本地区的预算编制细则，公用定额是用于保障单位正常运行的费用支出，包含办公费、水电费、邮电费、差旅费、一般会议费等项。在违规发放物品后，该单位财务人员为解决该笔支出入账问题，擅自决定将其列支于"公用定额"，违反了

《中华人民共和国预算法》第五十七条“各级政府、各部门、各单位的支出必须按照预算执行，不得虚假列支”的规定，属于改变预算支出用途虚假列支的违法行为。

三、本案违规发放可吸收虚假列支，两者应一体评价

本案中的虚假列支属于违法行为，应当依法追究相关责任人的法律责任，该区审计局也以该单位超出预算支出使用范围为由，依据《财政违法行为处罚处分条例》对该单位进行了行政处罚。但对该行为是否应单独予以党纪处分，成为第二种和第三种意见的主要分歧。

笔者认同第二种观点，即违规发放行为吸收虚假列支行为，对后者不再单独予以党纪处分。首先，违规发放和虚假列支两个行为存在牵连关系，虚假列支是违规发放的延伸，虚列开支是为了处理违规发放产生的财务问题。其次，两者轻重有别，违规发放的纪法责任要重于虚假列支，违规发放吸收虚假列支、一体评价，不会导致责任失衡、畸轻畸重。同时，也应该看到在班子成员决定并实施违规发放之后，不能过于期待财务人员不做账、不入账。违规发放吸收虚假列支、一体评价，使监督执纪更加实事求是。

（余作泽　贾　培　北京市朝阳区纪委监委）

（原载于《中国纪检监察报》2019 年 12 月 18 日）

29. 国企负责人告知亲属参与关联项目的行为如何认定

典型案例

刘某甲，中共党员，某市国有独资企业董事长、总经理。刘某乙系刘某甲的弟弟，工程承包商。2019 年，该市实施了一个水利项目，刘某甲所在企业为该项目的业主单位，刘某甲告知刘某乙参与该项目。随后，刘某乙以某建筑公司名义通过正当的招投标程序承接该项目。根据查证，未发现刘某甲与刘某乙在该项目中存在利益输送、虚假招投标、打招呼等行为。

处理意见

案例中，对刘某甲的行为如何认定产生了分歧。

第一种意见认为：刘某甲的行为不违反相关法律法规，

不应认定为违纪违法。

第二种意见认为：刘某甲的行为属于纵容、默许其亲属利用党员干部本人职权或者职务上的影响谋取私利，违反廉洁纪律，应依据《中国共产党纪律处分条例》第八十七条第一款之规定处理。

第三种意见认为：刘某甲的行为属于利用职权或者职务上的影响，为其亲属在工程招投标方面谋取利益，违反廉洁纪律，应依据《中国共产党纪律处分条例》第九十五条第一款之规定处理。

第四种意见认为：刘某甲的行为未避开涉及亲属的利益，使企业利益存在可能被损害的危险，应依据《国有企业领导人员廉洁从业若干规定》第六条第（五）项和《中国共产党纪律处分条例》第一百一十一条（廉洁纪律兜底条款）处理。

评析意见

笔者赞成第四种意见。

一、行为性质认定

根据《国有企业领导人员廉洁从业若干规定》，国有企业负责人，应忠实履行其经营管理者的职责，对其所在的国有企业负责，在担任职务和执行公务中，不仅要禁止任何以权谋私的行为，而且要防止发生各类利益冲突，特别是要避开涉及本人及其亲属利益，防止可能侵害公共利益、企业利益行为的发生。

通过查证，虽然未发现刘某甲和刘某乙在该项目中存在利益输送、虚假招投标、打招呼等行为，但是刘某甲作为国有企业董事长、总经理，本应当正确行使经营管理权，防止可能侵害公共利益、企业利益的行为发生，但其作为国有企业负责人，不仅未避开涉及亲属利益的行为，反而主动告知其弟弟刘某乙参与该项目，使企业利益存在可能被损害的危险。

同时，通过违纪的构成要件分析，本违纪行为侵犯的客体是《国有企业领导人员廉洁从业若干规定》关于防止利益冲突的相关规定以及国有企业负责人职务上的廉洁性。客观方面，刘某乙通过正当的招投标程序成功参与了该项目。主体方面，刘某甲是该项目业主单位的国有企业负责人。主观方面，刘某甲主动告知刘某乙参与该项目。

综上，刘某甲的行为违反了廉洁纪律，构成违纪。

二、关于适用条规

如适用《中国共产党纪律处分条例》第八十七条第一款，则客观方面必须具有纵容、默许亲属利用本人职务便利谋取私利的行为；主观方面必须是故意，即明知其亲属利用其职务便利谋取私利而不加以制止。本案中，刘某乙是通过正当的招投标程序获得项目，未发现刘某乙利用了刘某甲的职务便利谋取私利。故不宜适用该条款认定处理。

同理，如适用《中国共产党纪律处分条例》第九十五条第一款认定，则必须要刘某甲利用职权或者职务上的影响，为刘某乙在工程招投标方面谋取利益。本案中，未发现刘某甲利用其职权或者职务上的影响，为刘某乙在工程招投标方面谋取利益。故也不宜适用该条款认定处理。

笔者认为，依据《国有企业领导人员廉洁从业若干规定》第六条第（五）项，“国有企业领导人员应当正确行使经营管理权，防止可能侵害公共利益、企业利益行为的发生。不得有下列行为：……（五）本人的配偶、子女及其他特定关系人投资或者经营的企业与本企业或者有出资关系的企业发生可能侵害公共利益、企业利益的经济业务往来”，刘某甲作为国有企业负责人，未有效防止利益冲突，介绍亲属以某建筑公司的名义，通过正当的招投标程序参与该国有企业负责的工程项目，侵害了其职务的廉洁性，使企业利益存在可能被损害的危险。依据《中国共产党纪律处分条例》中关于违反廉洁纪律的规定，无法找到具体对应的条款，所以笔者倾向于采用《中国共产党纪律处分条例》第一百一十一条，即兜底条款进行认定处理。

（蔡　陶）

（原载于《中国纪检监察报》2020年4月8日）

30. 如何区分亲属间正常馈赠与贿赂

典型案例

刘某，中共党员，A 市原住建局党组书记、局长，曾任 A 市 B 县城建局局长，县委常委、县政府办公室主任等职。2008 年至 2015 年间，刘某先后利用担任 B 县城建局局长，县委常委、县政府办公室主任、A 市住建局局长的职务便利，多次为其弟弟刘甲挂靠资质承揽工程项目、违规办理企业资质等事项提供帮助。其间，借刘某家庭购房、购车、孩子出国留学之机，刘甲先后以兄弟互相帮衬为由送给刘某人民币共计 120 万元。

另查明，刘某还收受其他人所送房产、现金等财物折合人民币 800 余万元。

处理意见

本案中，对于刘某收受其弟弟刘甲所送钱款的行为是否构成受贿罪，存在两种不同意见。

第一种意见认为：刘甲是刘某的亲弟弟，双方关系特殊，近亲属之间的财物馈赠不宜认定为收受礼品礼金，更不宜认定为受贿。刘某利用职权帮助弟弟承揽工程、办理资质的行为可视情况认定为违反廉洁纪律或违反工作纪律。

第二种意见认为：刘某利用职务便利，为其弟弟谋取不正当利益，收受其弟弟所送 120 万元，具有明显的权钱交易性质，应当认定为受贿。

评析意见

笔者同意第二种意见。

一、是否存在权钱交易是馈赠与贿赂的本质区别

正常的馈赠行为是亲友之间以感情交流为基础的财物赠予，与接受财物方的职务身份无关，也不存在“收买”的动机；以馈赠为名给予对方财物，请托对方利用职务便利为其谋取利益，意图以财物换取对方的职务行为，则是“包装”后的贿赂行为。因此，是否具有权钱交易性质是馈赠与贿赂的本质区别。

根据“两高”《关于办理商业贿赂刑事案件适用法律若干问题的意见》，区分贿赂与馈赠，主要应当结合以下因素全面分析、综合判断：（1）发生财物往来的背景，如双方是否存在亲友关系及历史上交往的情形和程度；（2）往来财物的价值；（3）财物往来的缘由、时机和方式，提供财物方对于接受方有无职务上的请托；（4）接受方是否利用职务上的便利为提供方谋取利益。

本案中，刘某与刘甲虽然存在亲属关系，但其收受刘甲所送钱款的行为已超出亲属间正常馈赠的界限，具有权钱交易性质。

二、如何判断是否存在权钱交易

首先，从财物往来的背景及财物价值看，作为亲属间的馈赠或人情往来，往往发生在逢年过节、婚丧嫁娶等时间节点，财物价值往往不超过正常合理的范围。本案中，双方家庭年节期间互有往来，相互馈赠数百元至数千元不等的年节礼品。但上述大额钱款的收送背景与时间均与年节、婚丧嫁娶等无关，且各笔均在20万元以上，尽管双方系亲兄弟关系，但收送财物的情形及数额明显超出了正常人情往来的范围。

其次，从财物往来的缘由和时机看，刘甲送给哥哥刘某钱款的行为均发生在刘某为其承揽工程、办理企业资质前后，所谓帮衬哥哥购房、购车等只是送钱的借口。在案证据也排除了基于亲情关系的接济、救助等情形，如刘某当时的家庭财产足以支付购房、购车款；刘某、刘甲兄妹共 5 人，其他兄妹家庭经济条件均逊于刘某、刘甲，但刘甲从未拿出大额资金接济其他兄妹。

最后，从双方的主观认知看，均指向权钱交易的心理默契。刘甲称其承揽相关工程、企业发展均离不开哥哥刘某的提携帮助，给予刘某钱财的目的是感谢哥哥利用职权为其谋取了大量利益，嫂子（刘某妻子）还曾多次提醒他不要“忘恩负义”。刘某对此亦予认可。可见双方对收受财物的权钱交易性质有着清晰一致的认识。

综上，通过综合分析刘某收受刘甲所送财物的背景、时机、金额以及刘某利用职权为刘甲谋取到大量不正当利益等因素，足以认定刘某收受上述 120 万元构成受贿罪。

三、亲属间行受贿行为调查取证中应注意的问题

对于受贿犯罪，刑法只对收受财物方的身份作出了规定，即具有国家工作人员身份，但没有对行贿方的身份作出规定，因此理论上不论行贿人是何身份，只要符合该罪构成要件，便足以成立犯罪。但实践中，由于亲属之间存在不同于一般行受贿双方的特殊关系，因此认定亲属间行受贿犯罪比其他人员的行受贿犯罪更为复杂，难度也更大，除了通常行受贿犯罪需要搜集的证据以外，还应当注意搜集以下证据：

一是足以否定人情往来、亲情馈赠因素的排除性证据，包括：（1）接受财物一方是否存在经济困难，确实需要亲属接济、救助的情形；（2）是否存在正常借款的情形；（3）是否存在其他共同财产关系，如共同继承、共同承担家庭债务等；（4）给予财物的时机、财物的价值大小，是否存在年节、婚丧嫁娶等收送背景。

二是足以认定给予财物与谋取利益具有显著“对价”关系的证据，如：（1）行为人主观故意的内容，即双方对权钱交易的主观认知；（2）所谋取利益的性质，是正当利益还是不正当利益，财产性利益（如招投标、承揽工程等经济活动）还是非财产性利益（如上学、就业），实际谋取的利益大小，谋取不正当利益的违法性程度等；（3）给予财物的方式，是否采取较为隐蔽、刻意掩盖财物来源的手段、方式，如使用他人银行卡，实际占有房产、车辆却不过户等。

（崔　灿　山东省青岛市纪委监委）

（原载于《中国纪检监察报》2019 年 12 月 4 日）

31. 张某涉嫌受贿犯罪还是违纪

典型案例

张某，中共党员，国有Z银行B支行行长。王某，T公司（私企）负责人。2011年4月至2017年9月，T公司先后在B支行以抵押方式贷款约2.8亿元。在此期间，张某存在以下行为：以帮助王某的T公司找到利率较低的“过桥资金”并顺利向T公司发放续贷资金为由，与王某约定以借款金额（“过桥资金”）36%的“年利率”向王某索要182.045万元的好处费。在此过程中，张某私自将银行内部《单一客户授信通知书》交给出借“过桥资金”的Y公司。“过桥资金”到位后，张某安排银行工作人员加快进度完成T公司的续贷审批手续并发放贷款资金。同时，张某提供给王某多个他人银行账号用以收取该好处费。王某使用“过桥资金”十余天后归还Y公司。

处理意见

本案中关于张某的行为如何定性产生了分歧。

第一种意见认为：张某从王某处获得的利益并未利用其职务便利，应当追究其违犯党纪的纪律责任。

第二种意见认为：张某的行为符合受贿罪的构成要件，应当追究其涉嫌受贿犯罪的刑事责任。

评析意见

笔者支持第二种意见。

一、张某的行为是否利用了职务上的便利

受贿罪中“利用职务上的便利”是指利用本人职务上主管、负责、承办某项公共事务的职权，以及利用职务上有隶属、制约关系的其他国家工作人员的职权。

本案中，之所以有同志认为张某没有利用职务上的便利，是因为张某帮助王某借“过桥资金”的相对方Y公司乃是一家民营企业。Y公司是否放贷，由其自行决策，而不在张某主管、负责的职权范围内，从而认为张某并没有利用其职务上的便利。因此，张某的行为只是违反了《国有企业领导人员廉洁从业若干规定》第五条第（一）项的规定，“个人从事营利性经营活动和有偿中介活动”，构成违纪。

但笔者认为，本案中张某在为王某寻找“过桥资金”的过程中，私自向Y公司提供Z银行内部的《单一客户授信通知书》，并告知Y公司Z银行B支行很快会给T公司放款。而Y公司内部召开的审贷会也认为张某是Z银行B支行行长，其信誉度高，以后会有更多合作机会，Y公司因此才在T公司无抵押、无担保的情况下给T公司发放贷款1.22亿元。“过桥资金”到位后，张某安排银行工作人员加快进度完成了T公司的续贷审批手续并发放了贷款资金。整个行为过程中，张某既利用了其行长身份所产生的影响又利用了其职务便利。

二、张某的行为构成受贿罪

刑法第三百八十五条第一款规定：“国家工作人员利用职务上的便利，索取他人财物的，或者非法收受他人财物，为他人谋取利益的，是受贿罪。”本案中张某身为国有企业管理人员，手中拥有贷款审批、授信的权限，对于企业融资、流动资金的保障具有优势地位，同时，对于是否放贷、是否足额放贷具有优势地位，符合受贿罪主体要件；张某向王某索要好处费，主观方面存在故意；客观方面，张某利用了自己银行行长的身份私自将银行内部《单一客户授信通知书》交给出借“过桥资金”的Y公司，并督促银行相关人员加快进度完成 T 公司的续贷审批手续并发放了贷款资金；同时，张某向王某索要了 182.045 万元好处费并用于个人消费。

张某作为国家工作人员，之所以愿意为王某寻找“过桥资金”并督促银行相关人员加快 T 公司续贷审批流程，其目的是向王某索要钱财，其本质侵犯了职务行为的不可收买性，破坏了金融管理秩序，严重影响国家金融机构的正常职能履行。王某向张某支付高额好处费，目的是希望张某以公权力介入“过桥资金”借贷及银行续贷等事项。二人行为的本质就是权钱交易，符合受贿罪的构成要件。

笔者作为该案件的主办人员，案件办理过程中坚持该观点，得到公诉机关及人民法院的支持。类似张某这种利用银行行长身份，以居间介绍为名行收受贿赂之实，在银行业界不是个案。必须具体问题具体分析，透过现象看本质，把握权钱交易的本质特征，做到不枉不纵，以有力打击犯罪维护好金融领域秩序。

（刘忠胜　韩　洁　河南省郑州市金水区纪委监委）

（原载于《中国纪检监察报》2020 年 8 月 12 日）

32. 是违反廉洁纪律还是共同受贿

典型案例

张某，男，中共党员，A 县农业农村局原局长。2018 年，A 县某农林开发有限公司负责人李某找到张某，希望张某帮其推销一批西兰花种子（市场价 60 万元）。张某以西兰花市场不景气为由推辞，李某遂表示如果有人愿以 80 万元的价格收购，交易完成后会与张某平分利润，张某默许。后张某联系商人宋某，称其好友李某有一批价值 80 万元的西兰花种子要出售，希望宋某收购，并暗示将来在相关业务上会关照宋某，宋某明知高于市场价格仍答应。在张某的介绍下，宋某支付给李某 80 万元收购了西兰花种子。事后，李某送给张某现金 10 万元，张某予以收受。

处理意见

本案中，张某的行为是否构成受贿罪以及受贿金额均存在争议。

第一种观点认为：张某利用私人关系帮助李某介绍业务，其不符合受贿罪利用职务之便的构成要件，其行为应定性为违规从事有偿中介活动，违反了廉洁纪律。

第二种观点认为：张某利用职务便利，帮助李某出售西兰花种子获取利益，收受李某10万元现金，涉嫌受贿罪，受贿金额为10万元。

第三种观点认为：张某与李某事先商量，利用其职务便利，要求宋某以明显高于市场的价格向李某购买西兰花种子，二人涉嫌共同受贿犯罪，受贿金额为20万元。

评析意见

笔者赞同第三种观点。刑法第三百八十五条规定："国家工作人员利用职务上的便利，索取他人财物的，或者非法收受他人财物，为他人谋取利益的，是受贿罪。"受贿的行为方式可以分为"索取他人财物"和"非法收受他人财物"两种。"索取他人财物"是指行为人主动向他人索要财物，即索贿。需要指明的是，索贿只需利用职务上的便利即可成立，不要求为他人谋取利益。本案中，张某利用其农业农村局局长的职务便利，联系并要求宋某以明显高于市场的价格向李某购买西兰花种子，是索贿。

一、张某利用了职务上的便利

根据法理，受贿罪侵犯的客体是国家工作人员职务行为与财物的不可交换性，受贿罪的本质即权钱交易。国家工作人员之所以能够获得贿赂，是因为其职务行为与行贿人的利益之间存在着一定的制约关系，行贿人有求于国家工作人员的职务行为，并为该职务行为交付不正当报酬。只要国家工作人员所获的财物系通过其职权或职务影响实现，就可以认为是利用“职务上的便利”。就本案而言，一方面李某希望通过张某的“面子”将西兰花种子以明显高于市场的价格出售，另一方面宋某按张某要求的价格收购西兰花种子，是希望在将来能够获得张某的“关照”。无论是李某所希望利用的“面子”，还是宋某想得到的“关照”，都与张某的职务密切相关，否则这笔不正常的交易便不可能完成，所以应当认定张某在本案中“利用了职务上的便利”。因此，第一种观点不正确。

二、张某实施了“索取他人财物”的行为

交易形式的受贿已经在司法实务中达成共识。根据2007年“两高”《关于办理受贿刑事案件适用法律若干问题的意见》第一条：“以下列交易形式收受请托人财物的，以受贿论处……（2）以明显高于市场的价格向请托人出售房屋、汽车等物品的……受贿数额按照交易时当地市场价格与实际支付价格的差额计算……”

本案中，张某联系并要求宋某以明显高于市场的价格向李某购买西兰花种子，收购款直接打给李某，从表面上看张某似乎没有直接向宋某索要财物，但张某和李某事先商定了明显高于市场的价格，而张某报价的过程中没有给宋某留有还价的余地。张某与宋某的沟通过程符合受贿犯罪中受贿人积极主导权钱交易进程，而行贿人比较被动地按照受贿人的要求给付财物的特点。虽然张某表面上看起来只是起到李某与宋某西兰花种子交易的“中介”作用，但是并不能否认其主动向宋某索要贿赂的实质，受贿金额应当认定为收购价格80万元与市场价格60万元的差额，即20万。综上，观点三成立。

三、李某与张某涉嫌共同受贿犯罪

受贿罪属于国家工作人员的职务犯罪，非国家工作人员不能单独构成受贿罪，但如果有共同受贿的故意和行为，非国家工作人员可以和国家工作人员构成共同受贿犯罪。

本案中李某和张某对高价出售种子的非法性抱有明知的主观心理，都希望通过权钱交易获得一定的财物，具有受贿的共同故意。李某与张某事先商定了西兰花种子出售的价格以及“利润”分配方式，后张某利用职务便利主动联系并要求他人高价收购了李某的西兰花种子，事后平分获得的差价，具有共同的受贿行为。综上，李某与张某构成受贿罪的共同犯罪。

值得说明的是，当宋某支付给李某 80 万元完成交易之时，张某与李某的受贿行为已经既遂。之后张某收下李某给予的 10 万元现金，虽然从表面上看符合受贿罪的构成要件，但根据上文分析，不难认定其本质上是张、李二人根据事先约定对索贿犯罪所得进行分赃的行为，是刑法理论上“事后不可罚”的行为。观点二将共同受贿既遂之后的分赃行为评价为行受贿行为，是不正确的。

（王　鹏　浙江省台州市纪委监委）

（原载于《中国纪检监察报》2020 年 9 月 30 日）

33. 如何理解把握“明知他人有具体请托事项”

典型案例

甲为某国有公司董事长，该国有公司业务板块中有新能源业务。老板乙一直做土方工程项目，后其想转型，于是找到甲，提出其公司想向新能源方面转型，希望甲能多支持，并送给甲 30 万元。甲予以收受，并表示，新能源项目科技含量较高，要想做需要先取得相关许可证。后乙未再找甲，也未能承揽该国有公司新能源项目。

处理意见

本案中，甲收受乙 30 万元的性质应如何认定？

第一种意见认为：甲虽然收受乙 30 万元，但由于乙没有提出具体请托事项，因此甲不构成受贿犯罪，而应认定为违纪。

第二种意见认为：甲所在公司有新能源业务，乙提出想转型投资新能源，实际属于通过暗示的方式表达了具体请托事项，甲在明知的情况下收受30万元构成受贿犯罪。

评析意见

笔者同意第二种意见。根据《全国法院审理经济犯罪案件工作座谈会纪要》和《关于办理贪污贿赂刑事案件适用法律若干问题的解释》（以下简称《贪贿解释》）的规定，认定“为他人谋取利益”，需要国家工作人员为他人实际或承诺谋取利益，或明知他人有具体请托事项。此外，《贪贿解释》第十三条第二款规定：“国家工作人员索取、收受具有上下级关系的下属或者具有行政管理关系的被管理人员的财物三万元以上，可能影响职权行使的，视为承诺为他人谋取利益。”除了该款的情形外，对于没有实际或承诺为请托人谋取利益的收受财物行为，司法解释仍坚持将“明知他人有具体请托事项”作为认定谋利的最低标准。上述案例中，甲与乙不属于上下级或行政管理关系，无法适用《贪贿解释》第十三条第二款，因此甲是否构成受贿罪的核心在于，是否符合“明知他人有具体请托事项”的情形。具体分析如下。

一、“明知”可以适用推定

对于请托人明确告知具体请托事项的，不存在认定上的困扰。对于请托人通过比较含蓄的方式表达或没有明确表达请托事项，但国家工作人员基于特定时空环境、日常生活经验，应当能判断出请托人有具体请托事项的，也同样可以推定为“明知”。比如，某国有公司招标办主任，正在对某工程建设项目进行招标，其间，已经投标的某公司老板找到该主任，并送给其10万元。此时，即使行贿人没有明确告知请托事项，该招标办主任根据当时情况，也应当能够判断出“希望在项目招标上帮忙”的具体请托事项，法律上即推定其主观认识为明知。具体到本案中，乙向甲提到其公司想转型做新能源，希望甲多支持，而甲所在国有公司有大量新能源项目，甲基于生活经验，应该能够判断出乙送钱的目的是希望甲能够利用职权，在今后乙与甲公司做新能源领域业务方面提供帮助。对此，虽然二人未明确提出，但均心知肚明，属于“明知”的情形。

二、“具体请托事项”中的“具体”可以做适当扩张性解释

实践中经常遇到，请托人对于请托事项的表述不是特别直接、具体，而是一种概括性的描述，如果单纯从字面上理解，容易因请托事项不够“具体”，而将相关行为排除在受贿犯罪之外。笔者认为，对于“具体”的理解把握，

不能机械地陷入对文字本身的解读，而应当站在司法解释背后蕴含的理念高度，精准把握“具体”的内涵。

《贪贿解释》起草者在阐释第十三条第二款时提道：“纯粹的感情投资不能以受贿犯罪处理。同时，对于日常意义上的‘感情投资’，又有必要在法律上作进一步区分：一种是与行为人的职务无关的感情投资；另一种是与行为人职务行为有着具体关联的所谓的‘感情投资’。对于后者，由于双方在职务活动中日常而紧密的关系，谋利事项要么已经通过具体的职务行为得以实现，要么可以推断出给付金钱有对对方职务行为施加影响的意图，这种情况下只要能够排除正常人情往来的，同样应认定为受贿。”由此可见，司法解释之所以在规定中仍保留“具体请托事项”，其根本目的在于将纯粹的“感情投资”排除在受贿犯罪之外。由于司法拟制的有限性，不可能将全部披着感情投资外衣但具有权钱交易本质关系的情形列明，因此，对于不符合第十三条第二款的“模糊地带”，在理解把握“具体请托事项”时，可适当借鉴该条款蕴含的思路理念，进行适当的扩张性解释。即只要请托人在与被请托人交流中，提到或暗示了被请托人职务范围所涉及的事，或者被请托人根据常识，应当判断出请托人请托的大致事项，即使该事项不是特别“明确”“具体”，也应认定为有“具体请托事项”。

本案中，从表面上看，乙与甲交流过程中，全程未提到具体明确的请托事项，而是用“希望支持”来笼统表达。但结合当时二人身份和特定语境不难分析出，甲明白乙送钱的目的是希望其能在新能源项目上提供帮助，具体需要帮忙的事项可能在今后商定，甲对该 30 万元属于权钱交易的性质是明确的。因此，尽管乙的请托较为概括、笼统，但也应认定为符合“具体请托事项”，甲收受 30 万元应认定为受贿。

三、把握具体请托事项扩展边界的关键在于请托人与被请托人职权之间的紧密关系

根据罪刑法定原则，在现有立法仍将谋利作为受贿犯罪构成要件的前提下，为确保刑罚的精准，既要对有具体请托事项做合理的推定和扩张性解释，又要把握好边界，防止出现认定扩大化倾向。一般而言，普通的小额人情往来比较容易区分，但具有权钱交易“擦边球”色彩的大额礼尚往来，在把握违纪与犯罪的边界上相对复杂。此时，请托人与被请托人职务之间的紧密关系，是判断上述问题的核心。例如，2016 年某地方私企老板与某中央机关年轻干部在饭局中结识，2016 年至 2019 年，该老板以看小孩或拜年为名，多次送给该干部钱款，累计 30 余万元。截至案发，老板没有任何具体请托事项，其送钱目的是认为该干部有前途，与他搞好关系希望有一天能帮上忙；另外，在对外交往时，请该干部出席“站台”或吹嘘与该干部熟悉，营造一种自己能量很大的氛围。从相识背景、日常交往以及二人言词证据上，能够判断出该30万元钱款并非正常礼尚往来，而是基于该干部特殊身份和地位产生的交换物，双方对此也均予以认可。但由于该干部的职权与私企老板之间暂时不具备紧密的关系，在没有发生具体请托事项的情况下，不宜过度扩张解释，将上述情形认定为“明知他人有具体请托事项”的情形。反之，如果请托人与被请托人职权范围紧密相关，请托事项发生具有很强的盖然性，则可以对具体请托事项做推定和扩张性解释。

四、明知他人具有请托事项的取证重点

上述分析是在事实和请托人、被请托人主观故意均相对清晰的情况下推导出的结论。对于没有实际谋取利益的情节，在调查取证时，除了双方言词证据中主观目的和认识外，还应特别注意强化其他证据，以此挖掘、证明被调查人“明知他人有具体请托事项”。一是围绕二人相识的背景、日常相处模式取证，证明二人不具备礼尚往来的基础。二是围绕收送财物时或日常交往中，二人交流沟通的细节取证，特别注意收集请托人暗示请托事项的语言表达，并在笔录中对被请托人据此了解到请托人有具体请托事项的依据和理由予以阐明。三是收集请托人身份、从事的工作，被请托人的职权范围等客观情况，证明请托人与被请托人职务之间具有紧密关系，以此进一步证明被请托人根据常识，即对“具体请托事项”有主观上应然的认知。

（艾　萍　中央纪委国家监委第十三审查调查室）

（原载于《中国纪检监察报》2021 年 6 月 16 日）

34. 索要商业机会交他人经营获利后收受好处怎样认定

典型案例

甲，A 局党组书记、局长。乙，B 国有建设工程有限公司总经理。2018 年到 2020 年，B 公司承建了 A 局的某项建设工程项目，工程承建期间，甲想利用对 B 公司的制约关系，捞取一笔好处费。为达到掩人耳目逃避法律追究的目的，甲提出让其特定关系人丙为 B 公司供应钢材，乙同意。丙因自身并不经营钢材，遂从市场中寻找到钢材供应商丁，让其来为 B 公司供货。丙负责联系发货、催收货款，并联系承运人送货，由于每批钢材需按要求截短后才能进场，丙还联系了承揽方进行切割加工，并找到厂房暂时储存钢材，运输费、加工费、仓储费等均由丁承担。丁明知为 B 公司供货系有领导打招呼的结果。丙与丁约定，销售利润的 70%归丙所有，丙通过此种方式，在短短两年内获利数百万元。丙的上述行为均与甲共谋为之。

处理意见

本案对甲的行为应如何定性，有两种不同意见。

第一种意见认为：甲利用职务便利为丙承接业务，丙将其转让给丁后，自己也参与经营并获取利润分成，可认为甲在为丁谋取利益的同时，也为丙谋取了利益。其中，丙为特定关系人，丁为非特定关系人，甲在为丁谋取利益后未收受对方财物。根据《党纪处分条例》第九十五条的规定，可认定甲违反了廉洁纪律，但不构成受贿。

第二种意见认为：甲利用职务便利为丙承接了业务后，丙因自身并非供货商，又将该商业机会转让给丁，实际是甲利用职权为丁在承接业务上谋取了利益。丙并未实际参与经营，其所获取的销售利润，实质是甲利用职权为丁谋取利益的对价。丙是甲的特定关系人，相关行为是两人共谋的结果，故对甲、丙应以共同受贿论处。

评析意见

本案中，笔者同意第二种意见，具体分析如下：

一、甲利用职务便利从 B 公司为丙承接的业务实质上是一种商业机会

本案中，B 公司承建了 A 局建设工程项目，甲利用担任该局党组书记、局长的职务便利，前期为 B 公司在工程项目承包、施工等方面给予了帮助，后期该项目在工程维修协调、工程量签证和质量确认、工程款结算和支付等方面仍需由甲审核把关。甲的职权对乙以及 B 公司形成了直接有效的制约。甲通过这种制约关系，为丙承接到了向 B 公司供应钢材的业务，其实质是利用职权向乙索取的一个商业机会（这里是为丙量身定做虚增的一个交易环节，使丙实际上作为 B 的代理具有了采购权，从而为其创造了牟利的机会和空间）。如果甲向乙直接索取财物，无疑应认定为受贿，但这里的商业机会本身只是一种预期能够产生收益的机会，尚未转化为现实财物或财产性利益，故这一阶段不能认为甲收受了乙的贿赂，甲尚不构成受贿。

二、客观上甲利用职务便利为丁谋取了不正当利益

本案中，甲利用职务便利通过乙为丙承接了向 B 公司供应钢材的业务后，丙又将这一业务转让给丁，让丁成为了 B 公司的真实供货商，间接地使甲为丁在承接业务上谋取了利益。本案中，在丙找到丁供货并告知甲后，甲主观上明知是为丁谋取了利益，丁虽不知道实际利用职权为其谋取利益的人是甲，但明确知道是丙认识的领导打了招呼，

故其将销售利润的70%都给了丙。一般情况下B公司采购钢材需通过公开招标、竞争性谈判、询价等方式进行，但丁未经上述程序直接承接到了向B公司供应钢材的业务，其实质是甲利用职务便利间接地为丁谋取了竞争优势，侵害了市场上潜在的其他钢材供应商公平竞争的机会，违背了市场交易公平、公正原则，应认定为谋取了不正当利益。本案的不同之处在于，是丙主动找丁，而非受丁请托为其谋取了不正当利益。但无论哪一方主动，直接还是间接，客观上都可视为甲利用职务便利为丁谋取了不正当利益，且丁对此也明知。

三、丙获取的70%利润，实质是甲利用职务便利为丁谋取不正当利益的对价

本案中，丙表面上看似参与了经营管理，实际却无相关资质，没有资金投入，不承担经营风险，所从事的并非实质性的商业经营活动。虽然在丁向B公司供应钢材的过程中，丙也从事了联系发货、催收货款及找人运输、仓储、加工所供钢材等活动，但在上述活动中，丙所签合同实质是在丁的授权下，作为丁的代理人与他人签订的一种代理合同，其效力直接归属于被代理人丁，丙无需承担经营风险，故其所从事的这些活动并非商业经营活动。故丙获取70%的销售利润无合法依据，其实质是甲利用职务便利为丁谋取不正当利益的对价。综上，甲与丁权钱交易的特征明显，丙所获取的70%销售利润是甲、丙共谋后向丁索要所得，故甲与丙构成共同受贿。需要说明的是，关于运输费、仓储费、加工承揽费，因双方事先约定了这方面的费用由丁支付，丙实际也是将这些费用支付给了运输人、保管人、加工承揽人，因此上述费用不计入受贿数额。此外，考虑到丙在此过程中也确实从事了类似一般业务员的工作，可以参照丁公司类似岗位员工的劳动报酬，在计算受贿数额时对这部分予以扣除。

（邹洪凯　夏华龙　江苏省苏州市纪委监委）

（原载于《中国纪检监察报》2021年12月15日）

35. 收受好处层层请托谋利怎样定性

典型案例

2018 年 5 月，万某的公司因涉嫌虚开增值税专用发票罪被 A 省甲县公安局立案侦查，该案承办人为甲县公安局民警胡某。为了打点关系，万某找到其同学 B 省乙县公安局民警黄某，黄某找到其老乡甲县公安局民警何某，通过何某牵线搭桥最终与胡某取得联系并在涉案金额上得以关照。2018 年 5 月，受万某委托，黄某、何某一起送给胡某 2 万元。2018 年 11 月，万某送给黄某 3 万元，次日，黄某陪同万某送给何某 3 万元。移送起诉后，2020 年 6 月，法院一审判处万某有期徒刑二年四个月，宣告缓刑三年，并处罚金 18 万元，万某对判决结果很满意。2020 年 7 月，为表示感谢，万某送给黄某 15 万元，并明确表示给黄、胡、何每人 5 万元，黄某留下 5 万元后，将 10 万元送给了何某，并请何某代为送给胡某 5 万元，后何某转送给胡某 5 万元。

综上，万某先后 3 次行贿共 23 万元（资金来源均为其公司），其中，黄某实得 8 万元、何某实得 8 万元、胡某实得 7 万元。

处理意见

本案中，对万某的行为构成单位行贿罪没有异议。胡某收受贿赂，且对黄某、何某另外收受万某贿赂的行为不知情，故其构成受贿罪毋庸置疑。黄某、何某既参与行贿，又接受贿赂，行贿过程中黄某及何某具体参与实施，且明知万某送钱的目的并从中牵线搭桥，故其行为被认定为单位行贿共犯无异议，但黄某及何某收受贿赂行为如何适用法律存在三种意见。

第一种意见认为：黄某与万某系朋友、同学关系，黄某与何某系老乡关系，均属于关系密切的人员，黄某向何某转达了请托事项，何某又向胡某转达了请托事项，并通过胡某职务上的行为为请托人万某谋取了不正当利益，并收受财物，黄某、何某的行为性质均构成利用影响力受贿。

第二种意见认为：黄某与何某、胡某通谋，由胡某利用职务上的便利为请托人谋取不正当利益，在收受请托人财物后共同占有，黄某、何某的行为性质均构成受贿罪共犯。

第三种意见认为：黄某、何某利用职权或地位形成的便利条件，通过胡某职务上的行为，为万某谋取不正当利益，并收受财物，黄某、何某的行为性质均构成斡旋受贿。

评析意见

笔者赞成第三种意见，理由如下：

一、胡某有明确的谋利故意，黄某、何某行为不符合利用影响力受贿的特征

《刑法》第三百八十八条之一对利用影响力受贿作出了规定，即国家工作人员的近亲属或者其他与该国家工作人员关系密切的人，通过该国家工作人员职务上的行为，或者利用该国家工作人员职权或者地位形成的便利条件，索取请托人财物或者收受请托人财物。实践中，利用影响力受贿罪中的受贿人非直接利用本人的职权为他人谋取不正当利益，本案中黄某、何某行为符合该特征，但不符合“被利用（被企图利用）的国家工作人员主观上没有为他人谋取利益的故意”条件。在 2018 年 5 月，黄某、何某第一次送给胡某 2 万元时，已明确告知胡某请托事项，胡某认可并实施关照，已具有谋取不正当利益的故意。因此，黄某、何某行为不符合利用影响力受贿的特征。

二、受贿故意和行为均具有独立性，不符合共同受贿的特征

2007 年《关于办理受贿刑事案件适用法律若干问题的意见》中规定，“特定关系人以外的其他人与国家工作人员通谋，由国家工作人员利用职务上的便利为请托人谋取利益，收受请托人财物后双方共同占有的，以受贿罪的共犯论处”。本案中，万某共有三次行贿，第一次送给胡某 2 万元，第二次送给黄某、何某各 3 万元，第三次送给黄某、何某、胡某各 5 万元。在整个行贿过程中，万某明知黄某不是案件承办人，万某为何送钱给黄某，目的就是让黄某帮助找人疏通关系；万某为何送钱给何某，因为没有何某的牵线搭桥，胡某不会收受财物，更不会在案件上给予万某关照；为何送钱给胡某，因为胡某是万某案件的承办人，通过胡某的帮忙万某的涉案金额才降了下来。上述的每一层行贿都有具体的、明确的请托故意，且每个人都是明知的，行受贿故意都是独立的，故不符合共同受贿中通谋情节。黄、何、胡三人收钱的行为亦是独立的，胡某对黄某、何某另外收钱的行为不知情，何某对黄某另外收钱的行为亦不知情，不符合共同占有的特征。

三、黄某利用其工作关系形成的便利条件，通过何某与胡某工作关系形成的便利条件，利用胡某职务便利，为请托人谋取不正当利益，构成斡旋受贿

本案特殊之处在于比一般斡旋受贿多一个层级，但并不影响认定。刑法本身对斡旋层级并没有明确的限制性规定，本案中黄某对其与何某的关系，以及何某与胡某的关系有明确认知，黄某对万某为何要对其行贿也有明确认知，黄某利用其本人工作关系（职权或地位）形成的便利条件，最终通过其他国家工作人员职务上的行为，为请托人谋取了不正当利益，收受请托人财物，其行为符合《刑法》第三百八十八条之规定。何某作为居间联络人，与胡某之间虽没有职务上的隶属、制约关系，但其利用其工作关系形成的便利条件，通过胡某职务上的便利，为请托人谋取了不正当利益，并收受财物，行为性质同样构成斡旋受贿。

（高　鹏　赵　雍　江苏省金湖县纪委监委）

（原载于《中国纪检监察报》2022 年 8 月 17 日）

36. 无力偿还仍向管理服务对象“借款”如何认定

典型案例

赵某，中共党员，A 县公安局治安大队副大队长。宋某为 A 县某私营企业主。赵某、宋某两人通过业务关系认识。2018 年 9 月，赵某向宋某提出借款 200 万元，宋某本不愿借，但考虑到自己企业经营受赵某监管，担心如不借赵某会找其麻烦，遂同意借款，并未敢向其主张利息。赵某因赌博等不良行为，在将其积蓄收入花光后，又先后向亲戚、朋友及小贷公司等借款，至向宋某借款时已对外欠债数百万元。赵某从宋某处获得 200 万元借款后，又将其全部用于赌博等。赵某向宋某出具借条，约定借款期限 6 个月，未约定借款利息。借款期满后宋某向赵某多次催还借款未果，直至 2021 年 10 月案发，赵某仍未归还。在此期间，宋某尚未请托赵某为其谋取利益。

处理意见

本案中，对于赵某的行为应如何定性，有三种不同意见。

第一种意见认为：赵某、宋某均承认200万元是借款，赵某声称其是要归还的，宋某也多次实施了催要行为，赵某与宋某之间是民事借贷关系，不构成犯罪。但赵某利用职权向管理服务对象借款，可能影响其公正执行公务，根据《中国共产党纪律处分条例》第九十条规定，应认定为违纪。

第二种意见认为：赵某、宋某没有约定借款利息，根据民法典第六百八十条第二款规定，借款合同对支付利息没有约定的，视为没有利息。赵某利用职务便利向宋某索取免息借款，获取财产性利益，本质上是让他人免除债务的行为，应当认定为受贿，受贿数额为应付利息。

第三种意见认为：赵某在借款时明知自己不可能归还，仍利用职务便利向宋某“借款”，并实际不能归还，主观上具有受贿故意，客观上实施了索贿行为，应认定为受贿，受贿数额为200万元。

评析意见

笔者同意第三种意见，现分析如下：

一、明知不能还而向管理服务对象“借款”，应认定具有受贿故意

国家工作人员明知没有偿还能力，借款后不可能偿还，而向管理服务对象“借款”，并实际不能还的，应当认定为是基于非法占有的目的，其实质是以“借”为名的索要，主观上具有受贿故意。本案中，赵某供述其借款到期后没有归还宋某 200 万元借款，是因为暂时没有偿还能力，等以后有了钱会还的。这里我们不能仅听赵某自己说是否要归还，关键要看赵某的偿还能力。经查，赵某向宋某借款时已对外欠债数百万元（至今亦未归还），而借款实际用于赌博致血本无归，借款期满经多次催要不能偿还，其供认暂时没有偿还能力，而在借款期满至案发长达两年半的时间内仍未归还，并且一直不能提供有偿还能力的有力证据及给出能够还款的时间。综上，可以认定赵某实际无偿还能力。知道没有偿还能力不能偿还而向宋某借款，并实际未归还，可以认定赵某是基于非法占有的目的，具有受贿故意。有同志提出，赵某将借款用于赌博的目的可能是为了获利后还款，因此，不能认定其具有受贿故意。笔者认为，即使赵某将借款用于赌博以图获利，他也应当知道赌博虽有可能获利，但也有极大可能会血本无归，其明知可能会血本无归而不能还款，为追求侥幸获利放任并致使不能还款的结果发生，主观上应当认定为具有受贿的间接故意。

二、索贿而未为他人谋利不影响受贿罪的认定

索贿是指利用职务上的便利索取他人财物的行为。索贿不要求达到被胁迫、勒索的程度，但能反映出对方是出于压力、无奈、不情愿交付的财物。本案中，赵某向宋某提出“借款”200 万元，宋某本不想借，但考虑到赵某是治安大队副大队长，如不借担心赵某会在经营中找自己麻烦，只好向赵某交付了钱款，并未敢向其主张利息。可见宋某是出于压力、无奈、不情愿交付的钱款，赵某是利用职务便利索取了宋某的财物。根据相关规定，索取他人财物的，不论是否“为他人谋取利益”，均可构成受贿罪。故本案中，赵某虽未利用职务便利为宋某谋取利益，但仍可构成受贿罪。此时，赵某实际是利用其职务、职权对宋某的制约关系实施了索要行为，尽管双方都没有提出谋利的要求，但此时权力制约关系蕴含着财物的对价是职务上的作为或不作为。

三、缺乏行贿故意的受贿认定

一般受贿案件中，行贿故意与受贿故意具有对合性，但特殊情况下也会出现只有受贿故意而缺乏行贿故意的情况。如索贿中，被索贿人不具有行贿意愿，在没有获得不正当利益的情况下不构成行贿，但不影响受贿罪的认定。本案中，赵某主观上具有受贿故意，客观上实施了利用职务便利向宋某索要“借款”的行为，具备了受贿的犯罪构成要件。宋某虽不具有行贿意愿，但在借款逾期长达两年半的时间内，经多次催要未果后，应当能够认识到赵某实际不具有归还的意愿。对赵某的索贿行为，应认定受贿既遂，而宋某不构成行贿罪。但如宋某确实没有意识到赵某实际不打算归还，或者已向法院提起诉讼追偿欠款，则不能认定二人对赵某索贿具有共同认知或合意，对赵某应认定为受贿未遂。

需要说明的是，本案根据赵某供述认定的是其无偿还能力不还的情况，如赵某承认其有偿还能力，并能提供相关证据，则应认定为有偿还能力不还，具体可分为两种情形：一是基于非法占有而未还，这是以借为名受贿的典型形式；二是基于非法占用而未还，其目的是为了长时间无偿占有使用该资金，旨在获取免息借款，本质上是让他人免除债务的行为，可将相关期限内的应付利息认定为受贿数额。

（郭承丞　夏华龙　江苏省苏州市纪委监委）

（原载于《中国纪检监察报》2022 年 9 月 14 日）

37. 伪造材料长期病休骗取工资待遇如何定性

典型案例

李某，男，中共党员，A 市 B 区 C 街道公职人员。2018 年 10 月，李某为达到个人带薪病休目的，在 A 市 S 医院检查时，采取替换检验样本的手段伪造检验证明，向单位提交了伪造的医院证明材料，谎称其罹患乙类传染病，骗取了单位的信任，获得了长期病休，于 2018 年 11 月至 2020 年 1 月期间，在未实际工作的情况下，领取单位向其发放的工资津补贴、缴纳的社保费、公积金等财政资金共计人民币 20 余万元。

处理意见

本案中，对李某伪造证明材料长期休假，领取单位向其发放的工资津补贴等财政资金20余万元的行为如何定性，在讨论时有不同意见。

第一种意见认为：李某的行为违反组织纪律。李某采取向单位提交伪造的医院证明材料方式，谎称其罹患传染病，骗取单位信任，在未实际工作的情况下，领取单位向其发放的工资津补贴、缴纳的社保费、公积金等财政资金共计20余万元。李某弄虚作假，骗取利益的行为，违反了《中国共产党纪律处分条例》第七十七条第二款规定，应认定其构成违反组织纪律。对于李某违纪行为所获得的经济利益，应当责令退赔。

第二种意见认为：李某的行为构成诈骗罪。李某为达到带薪病休的目的，采取替换检验样本的手段伪造检验证明，向单位提交了伪造的医院证明材料，向单位谎称其罹患传染病，骗取了单位信任。在未实际工作的情况下，以非法占有为目的，领取单位向其发放的工资津补贴等财政资金共计20余万元，属数额巨大，应认定其行为构成诈骗罪，依法应追究刑事责任。

评析意见

笔者同意第二种意见，公职人员伪造证明材料长期病休，骗取单位的工资待遇，应认定其行为构成诈骗罪，依法应追究刑事责任。

根据《中华人民共和国刑法》第二百六十六条之规定，诈骗罪是指以非法占有为目的，用虚构事实或者隐瞒真相的方法，骗取数额较大的公私财物的行为。对于李某的行为，分析如下：

第一，李某符合诈骗罪的主体要件。诈骗罪主体是一般主体，凡达到法定刑事责任年龄、具有刑事责任能力的自然人均能构成本罪，国家公职人员并未被排除在诈骗犯罪主体之外，李某符合一般主体要件。

第二，李某主观上具有非法占有的故意。李某编造传染病谎言，采取替换检验样本的手段伪造检验证明，符合虚构事实，隐瞒真相的客观要件，潜在的意识是不想被单位发现，更希望从单位正常获得工资津补贴、缴纳的社保费、公积金等财政资金。李某通过隐瞒事实真相，欺骗单位，在未实际工作的情况下，一直从单位获得工资等收入，其侵占的财产属于国家财政资金，且数额巨大，这种欺骗手段和方式，为法律所禁止。因此，李某本质上存在非法占有国家资财的主观故意。

第三，李某客观上实施了虚构事实的行为。李某告知单位身患传染病，利用单位干部群众对传染病医学知识的误区，怕被传染的恐慌心理，达到长期病休的目的。经核实，李某伪造的化验单和调取的监控录像都证明了李某虚构事实隐瞒真相的手段。

第四，李某的行为造成客体受到实质损害。诈骗行为实质上是采取的手段能够让受害的客体陷入错误认识，从而被动交付财物。李某通过谎言和伪造体检证明，虚构身患传染病的事实，迷惑不明真相的单位，使单位基于错误认识，被动地向李某发放工资，实施诈骗以来获取不应该占有的国家财政资金，自 2018 年 11 月至 2020 年 1 月期间已达 20 余万元，国家的财政资金受到严重损害，其行为本质上即构成诈骗行为。

综上所述，按照追究刑事责任的数额标准，根据“两高”《关于办理诈骗刑事案件具体应用法律若干问题的解释》第一条第一款规定：诈骗公私财物价值三千元至一万元以上、三万元至十万元以上、五十万元以上的，应当分别认定为刑法第二百六十六条规定的“数额较大”“数额巨大”“数额特别巨大”，本案中李某非法占有的金额达 20 余万元，属于“数额巨大”，应当追究其刑事责任。

（张晃榕　刘　叶）

（原载于《中国纪检监察报》2022 年 11 月 16 日）

38. 受贿中的谋利事项能否单独认定为违纪

典型案例

刘某，中共党员，某县人民法院副院长，分管刑事审判工作。2016 年至 2019 年，刘某利用职务上的便利，先后为数十人减轻刑事处罚提供帮助，并多次收受请托人巨额财物，涉嫌受贿犯罪。其中，部分请托人系当地涉黑涉恶人员，造成严重不良影响。2019 年 8 月，刘某被立案审查调查，并被采取留置措施。

处理意见

该案中刘某在已涉嫌受贿犯罪的情况下，对其插手、干预相关案件办理的行为能否单独认定为违纪，主要存在三种意见。

第一种意见认为：刘某利用分管刑事审判工作的职务便利，帮助他人减轻刑事处罚，系涉嫌犯罪行为中的谋利事项，已被受贿罪吸收，没有必要再将谋利事项单独认定为违纪。

第二种意见认为：刘某多次利用职务便利为他人谋取利益，性质恶劣、情节严重，可作量纪情节，但不宜作违纪认定。

第三种意见认为：刘某身为司法机关党员领导干部，毫无公正底线，屡次知法犯法，特别是为涉黑涉恶人员谋取利益，严重污染当地司法环境，造成恶劣社会影响，应当将其插手、干预案件行为单独认定为违反工作纪律。

评析意见

笔者赞同第三种意见。

涉嫌受贿犯罪行为中的谋利事项能否同时认定为违纪，在执纪执法实践中认识不一、做法不同。有的认为将谋利事项作为违纪认定，违反禁止重复评价原则，主张谋利事项一律不认定为违纪；有的认为谋利事项作为“轻行为”，已被受贿这一“重行为”吸收，故没有必要再将谋利事项单独认定为违纪；有的认为纪律与法律属于不同评价体系，谋利事项虽已作涉嫌犯罪认定，但并不影响其再作为违法或违纪认定。鉴于此，明确涉嫌受贿犯罪中的谋利事项能否再作违纪评价有利于厘清思想误区，提高执纪执法精准度。

一、将谋利事项同时认定为违纪是否违反禁止重复评价原则

禁止重复评价原则，是指在同一个评价体系内，对同一行为进行反复评价、重复处罚。该原则来源于法律禁止重复惩罚的法治精神。重复评价的前提是在同一个评价体系内，由于纪律、法律属于不同的评价体系，对同一行为同时作出违纪和违法评价不违反禁止重复评价原则。此外，涉嫌受贿犯罪中，受贿罪是针对收受贿赂、权钱交易行为的评价，如果被审查调查人谋利事项已构成滥用职权、玩忽职守行为，不影响再作渎职犯罪或违纪认定。从相关纪检监察机关发布的案件通报看，不乏将滥用职权、玩忽职守等谋利事项作违反工作纪律甚至政治纪律、政治规矩认定的案例，该做法也符合“违法必先破纪”及“纪法双施双守”要求。

二、受贿犯罪谋利行为认定为违纪应当区分情况、分类处理

虽然涉嫌受贿犯罪中谋利事项可认定为违纪，但不意味着可以不作区分、一律认定为违纪。是否需要认定为违纪，还取决于评价的价值即“必要性”。要坚持原则性和灵

活性相结合，不宜“一刀切”，根据相关规定、处理效果，结合个案情况综合考量后决定是否需要将谋利事项作违纪认定。

（一）应当作违纪认定的谋利事项。在执纪执法实践中，党员干部利用职务上的便利或职务影响，违反选人用人相关制度，在录用、考核、职务晋升、职称评定、岗位调整等方面为他人谋取利益，并收受贿赂，在认定为涉嫌受贿犯罪同时，应当将行为人为他人谋取人事利益行为同时认定为违反组织纪律。这样做的主要原因在于选人用人腐败问题是政治生态重要污染源，将违反干部选拔任用规定行为认定为违反组织纪律，有利于体现“纪在法前、纪严于法”的党内审查特色，进一步释放树立正确用人导向、涵养良好政治生态的强烈信号。

（二）可以作违纪认定的谋利事项。一是贯彻落实党中央重大决策部署不坚决、不到位的谋利事项。如对党中央关于抗击新冠肺炎疫情、全面建成小康社会、脱贫攻坚、生态环保等重大决策部署产生严重影响的谋利事项，可以同时认定为违反政治纪律和政治规矩或工作纪律行为；在扫黑除恶专项斗争中为他人谋取利益，充当“保护伞”“关系网”的，可以同时认定为违反群众纪律或工作纪律等。

二是能够充分体现违纪违法行为本质或特征的谋利事项。如纪检监察干部、司法机关工作人员多次插手或干预案件办理，执纪违纪、执法犯法，以案谋私，严重损害执纪执法公信力的，可以同时认定为违反工作纪律甚至政治纪律。又如，收受他人财物后，拒不落实巡视巡察整改要求，包庇、纵容违纪违法人员，可同时认定为违反政治纪律。

三是性质恶劣、情节严重，污染当地政治生态及发展环境的谋利事项。面对纷繁复杂的谋利事项，审查调查人员要不断增强政治敏锐性，提高政治鉴别力，将严重破坏所在地区（单位）政治生态、发展环境的谋利事项及时、准确甄别出来，同时作违纪认定。如领导干部多次插手、干预建设工程招投标，通过透露标底、授意“围标”、查处其他投标人等方式帮助行贿人中标，对当地招投标秩序和发展环境产生严重不良影响的，可同时认定为违反工作纪律。

此外，对被审查调查人收受贿赂后失职渎职行为，如违规出借财政资金、为企业借款担保、减免土地出让金等，造成国有资产损失，涉嫌渎职犯罪的，依法追究相关人员刑事责任；如因未达到刑事审判标准等因素，不能认定为渎职犯罪的，可将该行为认定为违反工作纪律。

（三）不宜作违纪认定的谋利事项。将受贿犯罪中谋利事项同时认定为违纪行为，应当坚持客观审慎、有限适度原则，着眼于违纪评价效果，防止界限不清、标准不明导致认定泛化、随意化，尤其要注意避免“凑违纪”，即先查处受贿犯罪问题，再刻意将涉嫌犯罪行为中谋利事项、情节抽出来认定违纪。所以，除上述“应当”和“可以”认定为违纪的谋利事项外，对那些违纪特征不明显、违纪评价效果不突出或者谋利行为本身已构成犯罪的谋利事项，均没有必要再作违纪认定。如在查处受贿犯罪中发现被审查调查人在接受请托后，已作受贿认定的接受行贿人旅游安排等行为，不宜再认定为接受可能影响公正执行公务的旅游安排等违纪行为。

（陈　斌　许　展　安徽省纪委监委）

（原载于《中国纪检监察报》2020 年 3 月 18 日）

39. 违规出借公款是否构成挪用公款罪

典型案例

王某，男，中共党员，某市交通局副局长，某重大公路工程项目建设指挥部（系该市交通局下设机构，以下简称“指挥部”）负责人。2018 年 12 月，该市 A 公路工程有限公司（私有公司，以下简称“A 公司”）急需支付农民工工资，A 公司董事长李某找到王某，请求王某从指挥部为 A 公司借款 300 万元，王某同意。2018 年 12 月 20 日，经王某签批，指挥部借给 A 公司 300 万元。2019 年 5 月 20 日，A 公司归还了上述借款。经查，王某未从中谋取个人利益。

处理意见

本案在办理过程中，对于王某上述行为是否构成挪用公款罪存在分歧。

第一种意见认为：王某作为某市交通局副局长、指挥部负责人，明知300万元系单位公款，非法将该款借给A公司，致使该款项脱离指挥部的掌握和控制达5个月之久，虽然A公司最终归还了该款项，但王某的行为已构成挪用公款罪。

第二种意见认为：王某虽有违规出借公款的行为，但该300万元的借款对象是A公司，不符合刑法第三百八十四条挪用公款罪中“挪用公款归个人使用”的要件规定，不应认定王某的行为构成挪用公款罪，而宜以违规出借公款予以定性，按照违反工作纪律进行评价。

评析意见

笔者同意第二种意见。

一、王某的行为不构成挪用公款罪

刑法第三百八十四条规定，国家工作人员利用职务上的便利，挪用公款归个人使用，进行非法活动的，或者挪用公款数额较大、进行营利活动的，或者挪用公款数额较大、超过三个月未还的，是挪用公款罪。上述第一种意见认为，王某作为国家工作人员，利用职务便利挪用300万元给A公司使用，超过三个月未归还的行为，符合法定的挪用公款罪所列举的情形，应认定构成挪用公款罪。但因其未考虑“挪用公款归个人使用”具体要件，因此，这种观点是错误的。

根据《最高人民法院关于审理挪用公款案件具体应用法律若干问题的解释》（法释〔1998〕9号，以下简称《解释》），挪用公款罪，有三种具体的表现形式：（1）挪用公款归个人使用，数额较大、超过三个月未还的；（2）挪用公款数额较大，归个人进行营利活动的；（3）挪用公款归个人使用，进行赌博、走私等非法活动的。可见，无论哪种具体表现形式，“归个人使用”是构成挪用公款罪的法定必备要件。

本案中，王某将公款300万元以指挥部的名义出借给李某的A公司，是否属于挪用公款归个人使用？这涉及对“归个人使用”含义的理解。《解释》曾经明确，“挪用公款给私有公司、私有企业使用的，属于挪用公款归个人使用”。据此理解，本案中王某将公款借给私有公司A公司，属于挪用公款归个人使用无疑。但2002年4月28日，全国人民代表大会常务委员会发布了《关于〈中华人民共和国刑法〉第三百八十四条第一款的解释》，对刑法第三百八十四条第一款规定的国家工作人员利用职务上的便利，挪用公款“归个人使用”的含义，进行了专门的立法解释，其规定，有下列三种情形之一的，属于挪用公款“归个人使用”：（1）将公款供本人、亲友或者其他自然人使用的；（2）以个人名义将公款供其他单位使用的；（3）个人决定以单位名义将公款供其他单位使用，谋取个人利益的。该立法解释明确了挪用公款“归个人使用”的具体含义，最高人民法院《解释》中的有关界定，因与立法解释冲突，不再适用。因此，不能因王某将300万元借给私有公司使用，便认定其挪用公款归个人使用。

本案中王某决定，以指挥部名义出借300万元给A公司，按照全国人大常委会的立法解释，必须查实王某在其中谋取个人利益，方可证明其挪用公款“归个人使用”。但经查证，王某在本案中未谋取个人利益，因此，其行为不符合挪用公款罪的法定构成要件，不构成挪用公款罪。

二、王某违规出借公款的行为属于违反工作纪律

王某的行为虽不构成挪用公款罪，但其将指挥部管理、使用的财政拨付资金300万元出借，违反了财政部《行政单位财务规则》第二十一条“行政单位从财政部门或者上级预算单位取得的项目资金，应当按照批准的项目和用途使用”和第四十条“未经同级财政部门批准，行政单位不得将占有、使用的国有资产对外出租、出借”的规定。应认定王某违反工作纪律，并依据《中国共产党纪律处分条例》《中华人民共和国公职人员政务处分法》《行政机关公务员处分条例》等有关规定给予其党纪政务处分。

（赵宇宾　内蒙古自治区纪委监委）

（原载于《中国纪检监察报》2020年11月25日）

40. 探析工作失职问题违纪条款的适用

典型案例

李某，男，中共党员，某区下属街道办事处聘用工作人员（非公务员身份）。2018 年 11 月至 2019 年 3 月期间，李某在协助核查被拆迁人员身份的工作中，未严格按照该区文件规定的要求进行核查，只是对有关材料进行了形式审核，导致两名不符合相关条件的人员领取了拆迁补偿款，现有证据不能表明李某与该两名人员存在利益输送或亲友等关系。李某的行为尚未构成刑事犯罪。

处理意见

该案中，对李某的违纪行为适用《中国共产党纪律处分条例》具体条款问题存在分歧。

第一种观点认为：李某的行为违反区民政局等多部门联合下发的针对此次拆迁工作特别制定的文件规定，故李某的行为属于《中国共产党纪律处分条例》第二十八条规定的“其他违法行为”，应适用第二十八条的规定。

第二种观点认为：李某的行为违反了工作纪律，属于在工作中不履行或不正确履行职责，造成损失的，应适用《中国共产党纪律处分条例》第一百三十三条的规定。

评析意见

对于党员在具体行政工作中存在失职行为，且其行为不构成犯罪的，在具体适用党纪条文时，笔者认为应适用《中国共产党纪律处分条例》第一百三十三条的规定，具体评析如下：

一、关于“其他违法行为”的含义

《中国共产党纪律处分条例》第二十八条规定，“党组织在纪律审查中发现党员有刑法规定的行为，虽不构成犯罪但须追究党纪责任的，或者有其他违法行为，损害党、国家和人民利益的，应当视具体情节给予警告直至开除党籍处分。”《〈中国共产党纪律处分条例〉释义》（以下简称《释义》）中将“其他违法行为”解释为“违反刑法规定以外的其他违法行为，如违反《中华人民共和国治安管理处罚法》《中华人民共和国海关法》《中华人民共和国会计法》等法律法规的行为”。

在实务中，关于违反法律的界定较为明晰，但对于某个行为违反了何等效力层级的“法规”，才能够被认定为第二十八条中的“其他违法行为”存在一定争议。笔者认为，根据第二十八条文意以及《释义》的举例，并参照体系解释进行理解，此处的“法规”应严格解释为行政法规、地方性法规、规章、自治条例和单行条例等。本案中，由区级民政局等部门制定的相关文件规定，不属于此范畴，不宜被认定为第二十八条中所指的“法规”，故本案不应适用第二十八条。

二、“党的工作”包括具体行政工作

有观点认为本案不可适用《中国共产党纪律处分条例》第一百三十三条的规定，理由为第一百三十三条中所指“党的工作”应被认为党群工作以及机关党组织工作，不包括具体行政工作。这种观点对条文仅进行了字面理解，割裂了条文体系之间的联系，过于狭隘。

第一百三十三条作为违反工作纪律的兜底条款，因党的工作内容丰富，无法穷尽列举，而被修订增加。《释义》在违反工作纪律行为的章前解释中，明确提出党的工作内容包括宣传工作、教育工作、组织工作、纪律检查工作、群众工作、统一战线工作等，且一并说明了本章规定的违纪行为包括党组织失职行为，形式主义、官僚主义行为，滥用职权和玩忽职守行为，失泄密行为，违反外事工作纪律行为等。另外在本章其他条款中，也存在涉及具体行政工作相关违纪行为。如第一百二十九条，关于在考试、录取工作中泄露试题、考场舞弊等违反有关规定行为，此条中的“考试、录取工作”在《释义》中解释为既包括国家统一组织的各类考试、录取工作，如普通高等学校招生全国统一考试，也包括企业等单位组织的招聘选拔考试、在职干部和职工的业务考试，等等。此项工作相对于特定从业人员，其性质属于具体行政工作。又如第一百二十六条及第一百二十七条关于党员领导干部违规干预、插手市场经济活动以及司法、执法等活动，《释义》中解释此类行为“相当于监察法所针对的职务违法、滥用公权”，属于比失职更严重的违纪行为，而上述条款中，借由进行干预、插手的相关工作也并非完全属于党群、机关党组织工作。根据本章条文体系间的联系，笔者认为具体行政工作应当被包含在“党的工作”范围内。

本案中，李某在具体行政工作中存在失职问题，根据第一百三十三条的规定，属于在党的工作中，不履行或不正确履行职责，故可适用第一百三十三条对其进行处理。

（张　桐）

（原载于《中国纪检监察报》2019 年 8 月 28 日）

41. 怎样准确认定其他违反工作纪律行为

典型案例

案例一　覃某，中共党员，某县委办公室主任，负责节日值班安排工作，2020年春节期间，由于覃某疏忽大意，将请假在外地照顾住院母亲的办公室工作人员刘某安排值班，致使值班漏岗。其后无人值班的情况被群众举报，造成不良影响。县纪委对其立案审查。

案例二　孙某，中共党员，某县人社局副科长，负责退休人员对照本人或视频审核工作。2018年12月至2020年12月，由于孙某不正确履行职责，未按照规定定期对退休人员进行对照本人或视频审核工作，致使2名退休人员死亡后继续领取退休金达2年，金额达24万元，造成不良影响。2021年3月，因被举报，县纪委监委对其立案审查调查。相关人员多领取的24万元已被追缴。

处理意见

第一种意见：覃某身为党员领导干部，不正确履行职责，致使节日期间值班漏岗，被群众举报，造成不良影响，构成党的机关工作失职违纪行为，依据《党纪处分条例》工作纪律兜底条款第一百三十三条，可给予覃某党纪轻处分。孙某作为党员干部、县人社局工作人员，不正确履行职责，致使退休人员死亡后继续领取退休金，造成不良影响，属于违反工作纪律违纪行为，应依据《党纪处分条例》第一百三十三条，给予其党纪重处分，同时给予孙某政务重处分。

第二种意见：覃某属于其他违反工作纪律行为，应依据《党纪处分条例》第一百三十三条，给予其党纪轻处分。孙某在社会保险管理工作中，违反法律规定，不正确履行职责，玩忽职守，属于违法行为，应依据《党纪处分条例》纪法衔接条款第二十八条之规定，追究孙某的党纪责任；根据违法情节，给予其撤销党内职务处分，但因其本人没有担任党内职务，应给予其党内严重警告处分，同时给予孙某政务撤职处分。

评析意见

上述案例的焦点，是对《党纪处分条例》工作纪律兜底条款第一百三十三条所规定的其他违反工作纪律行为如何准确界定的问题。笔者同意第二种意见，理由如下。

一、覃某构成党的机关工作失职违纪行为

根据《党纪处分条例》第一百三十三条规定，其他违反工作纪律行为，是指党的工作人员在党的工作中不履行或者不正确履行职责，造成损失或者不良影响的行为。党的工作包括党的纪律检查、组织、宣传、统一战线工作以及机关工作。该违纪行为主体是党的工作人员。党的工作人员失职违纪行为是选择性违纪名称。

该违纪行为主观方面是过失。侵犯的客体是党的正常工作秩序。客观方面必须具备两个条件：一是在党的工作中不履行或者不正确履行职责，二是造成损失或者不良影响。缺少其中任何一个条件均不构成违纪。

在案例一中，覃某身为党员干部，不正确履行职责，致使节日期间单位值班漏岗，被群众举报，造成不良影响，属于其他违反工作纪律行为范畴，构成党的机关工作失职违纪行为，应依据《党纪处分条例》第一百三十三条之规定，追究覃某的党纪责任，给予覃某党纪轻处分。

二、孙某违反法律规定，应依据纪法衔接条款追究其党纪责任

案例二中，孙某身为党员干部、人社局工作人员，在社会保险管理工作中，违反社会保险法有关规定，不正确履行职责，未定期对退休人员进行对照本人或视频审核工作，致使退休人员死亡后继续领取退休金24万元，造成不良影响，属于玩忽职守违法行为，应依据《党纪处分条例》纪法衔接条款第二十八条之规定，追究孙某党纪责任，根据违法情节，给予其撤销党内职务处分，但其本人没有担任党内职务，应当给予其党内严重警告处分，同时依据《政务处分法》第三十九条之规定，给予孙某政务撤职处分。

三、认定其他违反工作纪律行为应注意的问题

一是《党纪处分条例》第一百三十三条是是违反党的工作纪律的兜底条款。《党纪处分条例》不可能列举所有违反工作纪律的行为，该条款是用来处理《党纪处分条例》第十章“对违反工作纪律行为的处分”具体条款中尚未列举、又需要追究纪律责任的行为，体现了我们党制定党内法规的预见性和前瞻性，使《党纪处分条例》所规定的内容更加严密。

二是从该条款规定的违纪行为客观行为方式看，包括不履行或者不正确履行职责两方面。不履行职责是未履行

职务所要求履行的行为；不正确履行职责是指未按照党内法规、规章制度及国家法律法规等规定履行职责的行为。不履行职责表现为两种行为：1. 擅离职守，行为人在履职过程中擅自脱离工作岗位，未履行职责。2. 未履行职责，即行为人在执行职务职责过程中，该管的不管、该做的不做等。不正确履行职责，则是行为人履行了职责，但没有按照规定履行职责。该条款违纪行为多是不作为形式，有时也可能是作为的形式。该兜底条款强调的是职务职责性。

三是在认定其他违反工作纪律行为时，不论是党的工作人员，还是政府及其他机构的党员干部，对其在工作中的违反纪律行为，不能一概援引违反工作纪律兜底条款进行定性归责，应具体情况具体分析。对于违纪行为在《党纪处分条例》中没有具体对应条款的，应审查其行为是否违反了法律法规的明文规定，若是违反了，则可以按照纪法衔接条款追究其纪律责任，而不是直接适用兜底条款。

（刘　晋）

（原载于《中国纪检监察报》2021 年 6 月 23 日）

42. 不重视家风建设违纪行为辨析

典型案例

赵某，中共党员，某县级市政府办公室主任。赵某对其子赵某华一贯溺爱，且因赵某工作较忙，对赵某华疏于管教、放任纵容，赵某华逐渐染上一些恶习。2018 年 10 月至 2019 年 6 月，赵某华利用赵某之子的身份多次向该市多名私营企业主索要钱款共计 25 万余元，在当地造成恶劣影响。赵某对上述情况不知情，且未为所涉企业谋取利益。

处理意见

对于该案例中赵某的行为应如何定性，主要存在三种意见。

第一种意见认为：赵某对赵某华向私营企业主索要财物的行为不知情，且赵某平时忙于工作，无法时刻关注赵某华日常行为，追究其纪律责任过于严苛，鉴于造成不良影响，可以给予批评教育等处理措施。

第二种意见认为：赵某华向私营企业主索要财物，且数额巨大，赵某疏于管教，负有不可推卸的责任，且赵某作为党员领导干部，未来有可能利用职权或职务上的影响为被儿子索要钱款的私营企业主谋取利益，应当依据纪律处分条例第八十五条第二款规定“利用职权或者职务上的影响为他人谋取利益，本人的配偶、子女及其配偶等亲属和其他特定关系人收受对方财物”定性，赵某行为违反廉洁纪律。

第三种意见认为：赵某身为党员领导干部，抓好家风建设、教育管理好亲属是其责任，但赵某对赵某华一贯溺爱、疏于管教，致使赵某华多次以赵某儿子的身份向私营企业主索要财物，应依据纪律处分条例第一百三十六条之规定，认定赵某构成不重视家风建设错误，违反了生活纪律。

评析意见

笔者赞同第三种意见。

不重视家风建设行为系 2018 年纪律处分条例新增条款，作为新增违纪行为，在事实认定、定性把握上存在分歧。现以不重视家风建设行为“入纪”的背景及构成要件等为视角，对该行为认定及需要注意的问题作简要分析。

一、准确把握不重视家风建设行为“入纪”背景

家风是社会风气的重要组成部分，我国素有“修身齐家治国”优良传统，中国共产党人历来十分重视家风建设，毛泽东、周恩来等老一辈革命家的良好家风，为全国人民树立榜样。习近平总书记多次强调：“每一位领导干部都要把家风建设摆在重要位置，廉洁修身、廉洁齐家，在管好自己的同时，严格要求配偶、子女和身边工作人员。”从近年查处的案件看，一些领导干部虽然自身没有经济问题，但对亲属要求不严、管教不力，导致个别亲属“靠树乘凉”、借势谋利，有的甚至危害一方、败坏风气，群众反映十分强烈。家风问题不仅仅是领导干部私人问题，不仅关系自己的家庭，还关系党风政风，影响社风民风。实践也反复证明，不重视家风建设的干部，大多也难以做到独善其身，很多人被击中“亲情不可违”软肋，最终走上违纪违法甚至犯罪道路。鉴于此，将不重视家风建设行为“入纪”具有很强的现实针对性。

二、不重视家风建设违纪行为构成要件

违纪主体。从聚焦“关键少数”和示范引领重要性等角度考虑，主要针对党员领导干部，普通党员不构成本错误。

违纪主观方面。条规的表述是“失管失教”，意味着不能是直接故意，一般为过失，一些情况下放任心理也可构成。领导干部本人与家属沆瀣一气、联手贪腐行为不构成本错误。

违纪客体。主要背离了党员领导干部修身齐家，自觉带头树立良好家风的要求，以及群众对党员领导干部模范带头作用的评价。

违纪客观方面。党员领导干部失管失教的对象是其配偶、子女及其配偶，主要有以下几种情形：领导干部配偶、子女及其配偶利用领导干部影响力谋取私利；充当“掮客”，插手、干预领导干部职权范围内的工作、人事安排；道德败坏、品行不端，甚至涉黑涉恶；等等。

构成本违纪行为必须造成不良影响或严重后果，需要收集能证明违纪后果的相关证据。此外，由于本违纪行为系 2018 年纪律处分条例新增内容，故发生在 2018 年 10 月 1 日之前、且未持续到 10 月 1 日后的行为，不宜作违纪评价，但可作情节考量。

三、认定时要坚持综合考量与具体问题具体分析

认定不重视家风建设违纪行为，既要主客观相一致，也要综合考虑以下因素：领导干部平时对亲属是严格要求、经常提醒还是溺爱过度、约束无方；领导干部与家属是同居一地、来往密切还是长期分居、无暇顾及；等等。上述因素对领导干部主观状况及违纪行为的性质、情节及后果都会产生较大影响，需要结合个案具体把握，不搞“客观归错”“一刀切”。

四、与类似违纪行为的区别

1. 与亲属收受财物行为的区别。纪律处分条例第八十五条规定，党员干部利用职权或者职务上的影响为他人谋取利益，本人的配偶、子女及其配偶等亲属收受对方财物，情节较重的，构成违纪。构成该违纪行为的前提是领导干部对亲属收受他人财物行为不知情，或者没有充分证据证明其知情。不重视家风建设行为主观上也为过失，但这两种违纪行为也有明显区别：一是从是否存在谋利行为看，亲属收受财物行为要求领导干部利用职权或职务影响为他人谋利，而不重视家风建设行为一般不存在领导干部本人为他人谋利的行为。二是从表现形式看，亲属收受财物行为表现形式比较单一，不重视家风建设行为不限于亲属收受财物，还包括亲属品行不端、捞取非经济利益等，表现形式更为多样。三是从违纪后果看，亲属收受财物行为要求情节较重的才能构成违纪，要综合考量收受财物数额、持续时间、谋利情节、性质等因素；不重视家风建设构成违纪的，一般要求造成不良影响或严重后果，更多侧重于不良社会影响和群众的否定性评价。

2. 与纵容、默许亲属谋取私利行为的区别。纪律处分条例第八十七条规定，纵容、默许配偶、子女及其配偶等亲属，利用党员干部本人职权或者职务上的影响谋取私利的，构成违纪。该违纪行为与不重视家风建设行为有以下区别：一是主观方面不同。前者主观状态是纵容、默许，系故意状态，包括心知肚明的知情行为；不重视家风建设行为更多表现为过失，领导干部对子女的行为一般不知情，或者知情度有限，尚不能达到及时制止的程度。二是对后果要求不同，前者情节较轻即构成违纪，后者要求造成不良影响或者严重后果，如舆情关注、群众反映强烈等负面影响才构成违纪。

（许　展　安徽省纪委监委案件审理室）

（原载于《中国纪检监察报》2019 年 7 月 17 日）

43. 如何推定孙某明知学历造假

典型案例

孙某，男，中共党员，A 省水利厅宣传处副处长。1998 年，孙某通过参加公务员考试，以大专学历考入 A 省水利厅。2004 年，孙某通过社会人员丁某报名、交费，参加了 B 大学函授本科学习，2007 年通过丁某获得了 B 大学的毕业证书和学籍册。2010 年，水利厅组织开展副处级领导干部岗位竞聘，学历要求为本科及以上学历。孙某报名参加此次竞聘，后成功竞聘为宣传处副处长。2019 年，水利厅组织开展学历学位比对工作，孙某的毕业证书被认定为“系伪造”，后孙某的问题线索被移交驻厅纪检监察组。在驻厅纪检监察组核实过程中，孙某称自己被骗了，并不知道毕业证书系伪造。同时，驻厅纪检监察组还发现，孙某存在未参加入学考试、未见过学校老师、未参加课程结业考试等诸多疑点。

处理意见

本案中，对孙某是否构成违纪产生了分歧。

第一种意见认为：孙某的行为不构成违纪。孙某本人是“被骗者”，其不知道毕业证书是伪造的，虽然孙某使用假学历获利，但认定违纪应坚持主客观相统一原则，孙某主观上没有违纪故意，为避免客观归错，不应认定孙某构成违纪。

第二种意见认为：孙某的行为构成违纪。孙某虽然辩称不知道毕业证书系伪造，但其在取得毕业证书过程中存在诸多疑点，孙某不能作出合理解释，且按照正常人的判断标准，应该能够认识到毕业证书系伪造，故推定孙某对此明知。加之孙某具有使用假学历获利的情节，应认定其构成违纪。

评析意见

笔者赞成第二种意见，理由如下。

一、推定明知的概念以及在司法实践中的应用

推定明知是一个刑法学术语。犯罪主观方面分为认识因素和意志因素，其中故意犯罪的认识因素即为“明知”。

刑法第十四条规定，故意犯罪必须以明知为前提。但是如何确定和断定明知，是一个比较复杂的问题。在诉讼活动中，犯罪嫌疑人很少主动承认本人具备明知，多数情况下都不会如实说出自己的心理活动。因此推定明知应运而生，即根据某一事实（基础事实）的存在而作出另一事实存在的判断，同时赋予对方以充分反驳权利以推翻推定，从而保证推定的客观性。

犯罪主观方面是支配犯罪行为的心理基础，并通过客观行为表现出来。因此，从客观行为出发，分析行为人的主观心理，是推定明知的关键所在。实践中，客观行为往往表现为行为的对象、手段方式、过程、条件等内容。在推定过程中，要注重收集与客观行为相关的基础事实，通过基础事实推定出行为人具备主观明知，然后将举证责任倒置，由行为人对基础事实作出合理解释，如果行为人不能作出合理解释，则推定其主观上具备明知。此外，还应把握好判断明知的客观标准，笔者认为，应坚持主客观相统一的原则，既要考虑案件发生时的具体情况，即在当时条件下根据一般的经验和常识，通常人是否具备明知；同时，也要考虑行为人自身的认识能力，如年龄、知识水平、社会阅历等因素。

推定明知在刑事案件中的应用并不鲜见。以洗钱犯罪为例，2021 年 3 月，最高人民检察院、中国人民银行联合发布的6个惩治洗钱犯罪典型案例中的赵某洗钱案，便运用了推定明知。2018年，公安机关以赵某涉嫌洗钱200万元移送起诉。检察机关发现，该200万元系职务犯罪人员武某明确告知赵某钱款来源的数额。在此前后，武某另有多次向赵某转账，共计1000余万元，武某没有对赵某明示钱款来源、赵某也否认知悉钱款性质，但是资金来源、转账方式、用途与上述200万元一致，可能涉嫌洗钱犯罪。后公安机关进行补证，调取了武某的工资收入、房产情况，武某、赵某任职经历以及二人之间关系的证据。通过补证，检察机关认为，赵某是武某的密切关系人，对武某通过贪污贿赂犯罪获取非法利益应当有概括性认识，应当推定其知道使用银行账户接收的1000余万元明显超过武某的合法收入，系其贪污受贿所得。后检察院以洗钱1200余万元对赵某提起公诉，并得到法院的认可。该案例便是在赵某对1000余万元钱款性质否认知悉的情况下，通过收集基础事实，推定赵某明知该1000余万元系贪污受贿所得的具体应用。

二、根据孙某的客观行为可以推定其对假学历具备明知

《党纪处分条例》虽然没有规定推定明知的概念，但这种核实行为人是否具有违纪故意的方法同样适用于违纪案件。结合本案，经驻厅纪检监察组核实，存在以下基础事

实：一是孙某未参加过函授本科入学考试；二是孙某声称进行了自学，但没有参加过学校组织的任何课程学习，也没有参加过每门课程的结业考试；三是孙某仅参加了一次考试，即丁某将试卷转交孙某，由孙某自行开卷考试，之后便获得了毕业证书；四是孙某获得的《毕业生登记和鉴定表》中考试成绩栏均未填写课程成绩；五是《毕业生登记和鉴定表》显示共学习了 14 门课程，但《毕业学历证明》却显示："已完成专业大学 15 科考试"，课程数量前后存在矛盾。

针对上述基础事实，驻厅纪检监察组要求孙某作出合理解释，但孙某对上述"异常问题"均无法作出合理解释。同时，结合判断明知的客观标准，即在当时条件下根据一般的经验和常识，通常人都能够认识到上述学历存在问题。通过将以上基础事实在驻厅纪检监察组和被审查人之间进行"质证"，可以推定孙某应当知道其获得的函授本科学历是假学历。此后，孙某使用该假学历成功竞聘副处长，具有获利情节，根据《党纪处分条例》的规定，孙某的行为构成违纪。

（李国强　天津市市级机关纪检监察工委）

（原载于《中国纪检监察报》2022 年 8 月 3 日）

44. 违纪故意转化还是另起违纪故意

典型案例

程某，中共党员，A 县 B 街道办会计。2018 年 12 月，B 街道办分管副主任李某、办公室主任王某以及程某因公前往 C 县参加为期 3 天的财会人员培训。由于程某的老家就在 C 县，该县茶叶比较出名，程某便决定私人购买该县某著名品牌茶叶 2 盒分别送给李某和王某，共计花费 3000 元。2019 年元旦节前，B 街道办开展慰问困难老党员活动，程某在购买相关慰问品时产生虚报费用的想法，并以虚列开支的方式将之前买茶叶的 3000 元予以公款报销。

处理意见

本案中，对程某的行为如何定性，存在不同意见。

第一种意见认为：程某用公款报销茶叶费后，其向从事公务的人员赠送超出正常礼尚往来礼品的违纪行为已经转化为贪污行为，构成违反国家法律法规。处理时不再引用《中国共产党纪律处分条例》（以下简称《条例》）第八十九条："向从事公务的人员及……赠送明显超出正常礼尚往来的礼品……"而应引用《条例》第二十八条："……党员有刑法规定的行为，虽不构成犯罪但须追究党纪责任的……"

第二种意见认为：程某向从事公务的人员赠送超出正常礼尚往来礼品的违纪行为转化为违反规定用公款购买赠送礼品行为，构成违反中央八项规定精神，处理时引用《条例》第一百零三条："违反有关规定……用公款购买赠送或者发放礼品……"

第三种意见认为：程某的行为属于向从事公务的人员赠送明显超出正常礼尚往来礼品的违纪行为和贪污行为，分别构成违反中央八项规定精神和违反国家法律法规，处理时应同时引用《条例》第二十八条、第八十九条，并引用第二十三条进行合并处理。

评析意见

本案的争议焦点是程某构成一个违纪行为还是数个违纪行为以及违纪行为性质如何认定的问题，其本质是甄别程某实施第二个违纪行为属于违纪故意的转化还是另起新的违纪故意的问题。对于程某违纪行为的定性和处理，笔者赞同第三种观点。

一、违纪故意的转化与另起违纪故意的区别

违纪故意的转化与另起违纪故意有相似之处，但本质不同。违纪故意的转化是指违纪主体在实施违纪行为过程中由于违纪故意发生了改变，在改变后的违纪故意支配下实施了违纪行为，其本质是此违纪性质向彼违纪性质转化，因而仍应认定为一个违纪行为；而另起违纪故意是指违纪主体的前一违纪行为实施完毕后，又在新的违纪故意支配下实施了性质不同的新的违纪行为，因而是数个违纪行为。两者的主要区别在于：

（1）违纪行为实施过程中才有违纪故意的转化问题；如果违纪行为已经结束，则只可能另起违纪故意。

（2）违纪行为侵犯的客体具有包容关系时，才可能存在违纪故意的转化问题，如果两个客体没有包容关系，则只可能是另起违纪故意。

二、程某属于另起违纪故意，对其前后两个行为应分别认定合并处理

程某前一违纪行为侵犯的客体是党员干部职务行为的廉洁性，后一违纪行为侵犯的客体是党员干部职务行为的廉洁性以及公共财产所有权。单从违纪客体上看，程某两次违纪行为侵犯的客体存在包容关系，不足以区分其属于

违纪故意转化还是另起违纪故意的问题。

接下来，从程某的行为过程来看。程某在培训期间决定私人购买高档茶叶送给其领导李某和王某，在程某将礼品送给李某、王某后，其违纪行为已经完成，不可能存在违纪故意的转化问题。之后，程某在负责购买慰问困难老党员的慰问品时产生报销个人开支的违纪故意，在该违纪故意支配下实施了虚列开支报销个人购买茶叶费用的行为，该行为系在前一违纪行为完成后实施的新的违纪行为。

需要注意的是，在处理原则上，另起违纪故意符合两个单独的违纪构成，应当认定为数个违纪行为，如系数个不同性质的违纪行为，则应当分别认定、合并处理；而违纪故意的转化因转化前后违纪行为侵犯的客体存在包容关系，应当认定为一个违纪行为，选择其中违纪性质较重的进行处理。本案中，根据《条例》第八十九条的规定，程某前一违纪行为应当认定为违反中央八项规定精神。程某后一违纪行为应当认定为违反国家法律法规。因此，对于程某实施的两种不同性质的违纪行为，分别认定、合并处理更为适宜。

（张茂祥　重庆市北碚区纪委监委）

（原载于《中国纪检监察报》2021 年 7 月 21 日）

45. 不作为能否构成共同违纪

典型案例

李某，某村党总支书记。陈某，该村党总支副书记，负责本村党务工作。2018 年 10 月，李某向陈某提出，本村村属企业负责人王某工作积极、表现突出，建议在本年度将其发展入党。陈某向李某汇报王某尚未递交入党申请书，未被确定为入党积极分子，现不符合入党条件。但李某仍坚持在本年度发展王某，并安排王某补写了申请日期为“2016 年 7 月 1 日”的入党申请书和 2017 年、2018 年的思想汇报，伪造了确定王某为重点培养对象的支委会记录、支部党员大会记录、确定培养人的支委会记录等材料，组织开展了对王某的政治审查、公示、培训及支部大会讨论等工作。陈某在王某发展党员过程中始终未提出反对意见，并在支部大会上表示同意王某入党。2019 年 5 月，王某被违规发展为预备党员。

处理意见

李某无视组织程序，采取弄虚作假手段将尚未确定为入党积极分子的人员确定为发展对象并发展入党，根据《中国共产党纪律处分条例》（以下简称《条例》）第八十条，其行为违反党的组织纪律。但对陈某的行为如何认定，存在两种意见：

第一种意见认为：陈某作为负责村党务工作的党总支副书记，明知李某违规发展王某为党员而不予制止，与李某构成共同违纪。

第二种意见认为：陈某并未参与李某弄虚作假行为，没有实际违纪行为，不构成违纪。

评析意见

笔者同意第一种观点。虽然陈某在王某发展过程中没有直接参与弄虚作假，但其作为党总支副书记，负有对党总支发展党员等党务工作的管理职责，其明知王某不符合条件，没有坚持原则，也没有向上级报告相关情况，默许李某通过伪造材料等手段违规发展党员，其上述不作为行为已与李某构成共同违纪，应当追究其责任。

那么什么是“不作为”违纪，认定共同违纪又需要具备哪些条件？笔者结合案例分析如下。

一、陈某的不作为行为构成违纪

《条例》第七条第一款规定：“党组织和党员违反党章和其他党内法规，违反国家法律法规，违反党和国家政策，违反社会主义道德，危害党、国家和人民利益的行为，依照规定应当给予纪律处理或者处分的，都必须受到追究。”从该条文可以看出，所谓违纪行为：一是相关行为存在危害性，即危害了党、国家和人民利益；二是相关行为违反了党纪条规。无论是主动的作为行为还是消极的不作为行为，只要符合《条例》规定的违纪构成要件，都属于违纪。

对于主动作为类的违纪行为，如收受礼品礼金、公款旅游、大吃大喝等，比较容易理解和认定。不作为行为要构成违纪，则需要具备以下前提：首先，行为人负有实施特定积极行为的具有法律性质的义务，如职责要求、法律法规明文规定等；其次，行为人没有履行特定义务。简而言之，不作为违纪就是违反规定“应为”而“不为”。

本案中，陈某担任党总支副书记职务，负责党总支日常党务工作，认真执行党章及《中国共产党发展党员工作细则》等党内法规，严把党员发展关、严格执行相关流程规定，是其职责应有之义。但陈某在王某入党过程中，没有履行职责，默许、纵容违规发展，属于应为而不为的不作为违纪行为。

二、陈某与李某应被认定为共同违纪

根据《条例》相关规定，共同违纪是指二人以上（含二人）共同故意违纪，如何判断是否构成共同违纪，需要从以下几个方面把握：

1. 共同违纪的主体必须是二人以上；

2. 共同违纪必须具有共同故意，即各共同违纪人员须明知共同违纪行为的性质、危害结果，且对该结果的发生持希望或者放任态度；

3. 共同违纪必须具有共同行为。共同行为，是指各违纪人员在共同故意支配下，相互配合、相互协调、共同实施违纪行为，形成一个实施违纪活动的整体。这种共同行为是广义的，是由共同违纪故意将各个行为人的单个行为联系在一起，形成一个有机联系的违纪行为整体，既包括实行行为也包括帮助、教唆等行为，既包括作为也包括不作为。

本案中，陈某在明知王某不符合入党条件，李某违规发展党员的情况下，不履行职责，客观上以“保持沉默”的不作为方式帮助李某实施违纪行为，主观上对违规发展的结果采取放任态度，其不作为与陈某的弄虚作假行为相互配合，形成违规发展党员的整体行为。依据《条例》第二十六条规定，党组织领导机构集体作出违犯党纪的决定或者实施其他违犯党纪的行为，对具有共同故意的成员，应当按共同违纪处理。

综上所述，陈某对于王某入党，明知违规而默许，其不作为行为属于违纪行为，且与积极促成此事的李某构成共同违纪。根据李某、陈某在共同违纪中所起作用及应负责任，李某系为首者，陈某系其他成员，应当分别给予李某、陈某党内严重警告、党内警告处分。

（燕海涛　陈　征　北京市朝阳区纪委监委）

（原载于《中国纪检监察报》2020 年 5 月 20 日）

46. 部分共同违纪如何把握

典型案例

林某，中共党员，2014年9月至2018年1月任A省B市C区区委书记（副厅级），2018年1月至3月任B市副市长。邱某，中共党员，林某妻子，某国有公司员工。

2015年7月16日，C区某房地产公司老板叶某在林某家里以恭贺林某之子考上大学为名送给邱某60万元现金，林某回家后，邱某将此事告知林某，林某让邱某将钱收好。

2016年9月18日，叶某在林某办公室请林某在其公司开发房地产项目方面给予关照，林某承诺帮忙。2017年2月10日，叶某与林某在某饭店吃完晚饭后，送林某上车时在林某车上送其现金80万元，感谢林某给予的关照，林某客套之后将钱收下。

2016年至2017年期间，林某利用其担任区委书记的职务便利，为叶某实际控制的C区某房地产公司提供帮助，邱某对此不知情。2018 年 3 月，A 省纪委监委对林某和邱某立案审查调查。

处理意见

针对该案中邱某行为的定性产生不同意见：

第一种意见认为：林某与邱某涉嫌共同受贿犯罪，林某构成受贿罪，邱某帮助其收钱，是帮助犯，应当以受贿罪追究邱某的刑事责任。

第二种意见认为：邱某对林某帮助叶某谋取利益不知情，其不构成犯罪；虽然其收了叶某的钱，但其职务为公司员工，没有执行公务，其也不构成违纪；不应追究邱某的责任。

第三种意见认为：林某与邱某构成部分共同违纪。林某与邱某共同收受叶某 60 万元的行为构成共同违反廉洁纪律，收受礼金违纪；林某利用其职务便利为叶某谋取利益，收受叶某 140 万元的行为涉嫌受贿犯罪。应认定邱某违反廉洁纪律，违规收受礼金。

评析意见

笔者同意第三种意见。

一、邱某行为不构成受贿犯罪

根据我国刑法规定，共同犯罪是指二人以上共同故意犯罪。非国家工作人员与国家工作人员勾结，伙同受贿的，应当以受贿罪的共犯追究刑事责任。根据相关司法解释关于特定关系人收受贿赂的规定，国家工作人员利用职务上的便利为请托人谋取利益，授意请托人将有关财物给予特定关系人的，以受贿论处，特定关系人与国家工作人员通谋，共同实施前款行为的，对特定关系人以受贿罪的共犯论处；国家工作人员的近亲属向国家工作人员代为转达请托事项，收受请托人财物并告知国家工作人员，或者国家工作人员明知其近亲属收受了他人财物，仍按照近亲属的要求利用职权为他人谋取利益的，对该国家工作人员应认定为受贿罪，其近亲属以受贿罪共犯论处。

就本案而言，邱某行为能否认定其构成受贿犯罪，关键看其对林某帮助叶某谋取利益的事情是否知情及知情后的态度，即林某和邱某是否有共同的受贿故意。在本案中，邱某对林某帮助叶某谋取利益的事情不知情，其收受叶某钱款也没有受托或转达请托事项，邱某收受叶某 60 万元现金是基于收受礼金的故意，不是受贿的故意。本着主客观相一致的定罪原则，不能认定邱某行为构成受贿犯罪。

二、林某与邱某构成部分共同违纪

《党纪处分条例》规定，二人以上（含二人）共同故意违纪的，对为首者，从重处分；对其他成员，按照其在共同违纪中所起的作用和应负的责任，分别给予处分。《中共中央纪委关于严格禁止利用职务上的便利谋取不正当利益的若干规定》第七条规定，严格禁止利用职务上的便利为请托人谋取利益，授意请托人以本规定所列形式，将有关财物给予特定关系人，特定关系人中的共产党员与国家工作人员通谋，共同实施前款所列行为的，对特定关系人以共同违纪论处。

就本案而言，显然林某的行为构成了受贿罪。虽然邱某收了叶某的钱款，其职务为公司员工，没有执行公务，对其个人而言，不可能有影响其公正执行公务的可能，如果否定林某和邱某成立共同违纪，这就意味着对邱某的行为不能作为违纪处理，其不合理性比较明显。假如林某后来没有收受叶某 80 万元并帮助叶某谋取利益，邱某属于共同违纪可以受到纪律处分，而实际上邱某的收礼行为为林某的受贿行为起到了促进作用，在这种情形下邱某的行为反而不成立违纪，显然也不合理。

在刑法理论上，部分犯罪共同说可以比较合理地认定现实中的共同犯罪现象。部分犯罪共同说认为，二人以上虽然共同实施了不同的犯罪，但当这些不同的犯罪之间具有重合的性质时，则在重合的限度内成立共同犯罪。例如，甲乙合谋共同盗窃，甲在路口望风，乙在入室盗窃时被发现为抗拒抓捕使用暴力，甲对此不知情，甲乙在盗窃罪的范围内成立共同犯罪，但乙盗窃的故意已经转化为抢劫的故意，对乙应认定为抢劫罪。

同理，在本案中，2015 年邱某收受叶某 60 万元并告知林某，林某让邱某将钱收好。邱某与林某有共同收礼的故意和意思联络，其二人构成共同违纪。只是后来林某又收受叶某 80 万元并帮助叶某谋取利益，林某从收礼的故意转化为受贿的故意，林某收受叶某 140 万元的行为涉嫌受贿犯罪。所以，邱某与林某在收礼违纪的范围内成立共同违纪，对林某行为认定为受贿罪，对邱某行为认定为违反廉洁纪律，违规收受礼金。

党纪严于国法，党员干部违法犯罪必先违纪，有很多违纪和违法都具有重合的性质。监察体制改革后，纪委监委合署办公，既要执纪又要执法，要把纪律和法律的两把尺子都用到位，这就要求我们做到定性准确、错当其罚、罚当其错、不枉不纵。

（刘月星　广东省纪委监委案件审理室）

（原载于《中国纪检监察报》2018 年 9 月 26 日）

47. 王某、陈某的违纪行为是否应当从重或加重处分

典型案例

案例一 王某，中共党员，A 县某镇政府城建办主任。2016 年 1 月，王某因渎职行为（主观上系过失）受到党内警告处分。2018 年 8 月，王某因接受可能影响公正执行公务的宴请等活动安排，违反中央八项规定精神的问题，应当受到党纪处分。

案例二 陈某，中共党员，A 县某村党支部书记。2018 年 12 月，陈某因公款私存问题受到党内警告处分。2019 年 6 月，陈某向组织主动交代其在 2018 年 10 月还存在违规组织公款旅游，违反中央八项规定精神的问题，应当受到党纪处分。

处理意见

上述案例中对违纪行为定性无争议，但对量纪问题存

在争议。

第一种观点认为：上述案例中，王某受到党纪处分后，不思己过，不知悔改，又发生故意违纪行为；陈某受到党纪处分后，又发现其受处分前的违纪行为应当受到党纪处分，系典型的对党不忠诚、不老实。二人的行为符合2018年《中国共产党纪律处分条例》（以下简称2018年《条例》）第二十条第（三）项、第（四）项之规定，应当从重或加重处分。

第二种观点认为：案例一中，王某的前一次违纪行为主观上系过失，后一次故意违纪行为发生在2018年《条例》实施以前，应当按照“从旧兼从轻”原则适用2015年《条例》的相关规定，不应对其从重或加重处分。案例二中，陈某虽存在遗漏违纪行为，但本案中陈某系主动向组织交代问题，不符合2018年《条例》第二十条第（四）项规定的“又被发现”，故对陈某亦不应从重或加重处分。

评析意见

对以上案例量纪存在分歧的主要原因是对新旧《条例》的衔接及《条例》规定的量纪情节理解不一致。准确理解纪律处分运用规则，确保新旧《条例》的无缝衔接，是做到精准量纪的前提。笔者主要从以下三个方面对上述案例进行分析。

一、案例一中对王某的再违纪行为不应从重或加重处分

案例一中王某的违纪行为涉及新旧《条例》的适用问题，2015 年《条例》第二十条第一款规定，故意违纪受处分后又因故意违纪应当受到党纪处分的，应当从重处分。2015 年《条例》要求前一次违纪与再违纪行为主观上均系故意，而 2018 年《条例》第二十条第（四）项规定更为严格，对违纪党员的前一次违纪不再强调主观上是否系故意。结合本案王某的再违纪行为发生在 2018 年《条例》实施前，遵循“从旧兼从轻”的处理原则，对其应适用 2015 年《条例》，王某前一次违纪主观上系过失，并非故意，因此，对王某不应予以从重或加重处分。

二、案例二中对陈某的遗漏违纪行为不应从重或加重处分

2018 年《条例》第二十条第（四）项规定违纪受到党纪处分后，又被发现其受处分前的违纪行为应当受到党纪处分的，应当从重或加重处分。从该规定字面意思看，该规定适用的前提系违纪行为被发现，而不应包含被发现前被审查人主动交代的情形。因此，在查处遗漏违纪行为案件过程中，应对违纪行为是主动交代还是被发现进行区分处理。

对被发现的遗漏违纪行为的处理应当按照2018年《条例》第二十条第（四）项规定从重或加重处分。因为此种情况下被审查人主观上系典型的对党不忠诚、不老实，存在侥幸心理，想逃避党纪处分，对其进行严厉处分符合《条例》目的。笔者认为，这里的被发现应作广义理解，即被纪检监察机关、主管部门、巡视巡察、群众举报等发现，而不限于被纪检监察机关发现。

被发现前主动交代遗漏违纪行为不符合2018年《条例》第二十条第（四）项规定的“被发现”要件，其主动交代行为，符合2018年《条例》第十七条第（一）项“主动交代本人应当受到党纪处分的问题的”，对其从轻或减轻处分，以鼓励被审查人主动向组织交代违纪问题，主动认错、悔错。结合本案陈某系主动交代其遗漏违纪行为，不满足“被发现”的适用条件，因此，不应对其作出从重或加重处分。

三、适用纪律处分条例需要注意的几个问题

一是关于再违纪行为的量纪。2003年、2015年《条例》规定，前一次违纪行为与后一次违纪行为在主观上均系故意的，从重或加重处分，而2018年《条例》对前一次违纪行为主观上是故意还是过失不再进行区分，只要因违纪受到党纪处分后再故意违纪的，均应从重或加重处分。在执纪实践中，应把握时间节点，对再违纪行为发生在

2018 年 10 月 1 日之前的，应当考虑其前一次违纪行为的主观方面，若系过失，应按照“从旧兼从轻”原则不宜进行从重或加重处分。若系故意，应当从重或加重处分。

二是关于遗漏违纪行为的处分。遗漏违纪行为作为从重或加重情节系 2015 年《条例》增加的内容。因此，在执纪实践中，应当把握时间节点，2016 年 1 月 1 日前已对被审查人前一次违纪行为作出处分决定的，一般不适用从重或加重处分规定。

三是被审查人同时具有从轻或减轻、从重或加重处分情节如何处理。2018 年《条例》对从轻或减轻处分使用的是“可以”，对从重或加重处分使用的是“应当”。对于从重或加重情节，只要查证属实便应当适用；而从轻或减轻情节规定的“可以”便具有适用上的选择性，给量纪留下自由裁量的空间。因此，在执纪实践中，同时具备两种量纪情节时，对规定的可以从轻或减轻处分情节，应坚持“以适用为原则，不适用为例外”，综合评判量纪情节，力求定性、量纪精准，实现政治效果、纪法效果、社会效果相统一。

（彭海军）

（原载于《中国纪检监察报》2019 年 11 月 13 日）

48. 如何正确适用纪法衔接条款

典型案例

2018 年 10 月，A 市要采购一批绿植，用于城市绿化。该市某镇副镇长王某（中共党员），为了让妻子经营的公司承揽该项目，给市里负责此项工作的领导张某送了价值 2 万多元的洋酒、香烟等礼品，事后，张某帮助王某妻子承接到该项目。2019 年 12 月，张某因涉嫌其他职务犯罪问题被立案调查时，交代出王某的送礼行为。

处理意见

本案中王某的行为如何定性？

第一种意见：因王某赠送的礼品数额达不到刑事立案标准，不构成行贿，应当认定为赠送明显超出正常礼尚往来的礼品行为，适用《中国共产党纪律处分条例》（以下简称《条例》）第八十九条的规定，违反廉洁纪律。

第二种意见：虽然王某赠送的礼品数额达不到刑事立案标准，不能认定为行贿罪，但其行为符合刑法规定的行贿行为，应适用《条例》第二十八条的规定，认定为涉刑非犯罪类违纪行为，不能认定为违反廉洁纪律。

评析意见

2018年《条例》坚持纪法分开，纪严于法。《条例》第二十七条、第二十八条是总则中的纪法衔接条款。第二十七条是关于党员有违法并涉嫌犯罪行为给予处分的规定（涉刑犯罪类违纪行为），第二十八条是关于党员有刑法规定的行为，虽不构成犯罪但须追究党纪责任，或者有其他违法行为，须给予处分的规定（涉刑非犯罪和违法类违纪行为）。审理中，违法类违纪行为的适用相对比较容易区分，但涉刑犯罪类违纪行为和涉刑非犯罪类违纪行为在条规适用上容易让人产生混淆，导致纪法衔接条款的误用。本案例，笔者同意第二种意见，从以下几个方面分析。

一、涉案数额不是区分违纪行为与违法行为的标准

基于对刑法中刑事立案数额标准的认识，执纪审理中一些人认为数额是区分构成刑法规定行为，还是构成违纪行为的标准。也就是说，数额达不到刑事立案标准，就是普通违纪行为，达到刑事立案标准，就是违法犯罪行为。结合本案，有的同志认为，数额达到刑事立案标准 3 万元，就是行受贿行为，达不到 3 万元，就只能认定为收送礼品的违纪行为。其实，这是对《条例》第二十八条的误解，该条中“刑法规定的行为”实质上是涉刑非犯罪类违纪行为，而不能误认为达到刑事立案标准的行为才是刑法规定的行为。

本案中王某的行为，是为了谋取不正当利益而向国家工作人员赠送财物，有具体请托事项，其行为已经触犯了刑法中行贿罪的构成要件，而不能将其认定为明显超出正常礼尚往来的赠送礼品行为。相反，如果王某没有具体请托事项，仅仅是为了处好关系，赠送明显超出正常礼尚往来的礼品礼金，即使金额超过了 3 万元，也应当认定为违反廉洁纪律。

二、正确理解《条例》第二十七条和第二十八条的适用条件

从案例延伸解读，也就是如何正确理解和适用纪法衔接条款的问题。《条例》第二十八条的适用条件中规定，党员有“刑法规定的行为”是指违纪行为构成刑法规定的犯罪构成要件，这里的“不构成犯罪”，主要依照刑法第十三条等相关规定，情节显著轻微危害不大不认为是犯罪等情形。例如，某国家工作人员（中共党员）利用职务上的便利，非法收受他人3000元，为他人谋取利益，属于刑法第三百八十五条（受贿罪）规定的行为，虽不构成犯罪但须追究其党纪责任，这里应表述为受贿行为，而不是收受礼金行为。

《条例》第二十七条的适用条件是违反了刑法规定应当追究刑事责任的行为。适用的行为不仅符合刑法规定的构成要件，而且必须达到刑事立案的数额标准，应当追究刑事责任。如果本案中的王某，为了谋取不正当利益，向张某赠送的礼品数额为3万元，则应当适用《条例》第二十七条的规定，而不是第二十八条，更不是有关廉洁纪律条款。

三、特殊情形下如何适用纪法衔接条款

执纪审理中，除了涉案数额容易混淆案件定性之外，还有以下一些情形，容易导致混淆。比较常见的是证据不足不构成犯罪、构成犯罪但过了追诉时效、被审查调查人死亡等情形。

一是证据不足不构成犯罪的情形。实践中，有的案件在查办过程中，因为证据的问题，如欠缺重要的书证或证人证言，无法达到认定犯罪的标准。例如某国企财务人员侵吞公款一案中，因为重要的书证灭失，无法认定其涉嫌贪污犯罪。在这种情形下，不能简单机械地适用《条例》第二十七条的规定，认定其涉嫌贪污犯罪，也不能适用

《条例》第二十八条，因为其证据标准达不到刑法规定的犯罪构成要件，不能认为其具有“刑法规定的行为”。但是，如果其行为违反了财经法规等法律法规，可以用第二十八条中的“有其他违法行为”进行定性和处理。

二是过了追诉时效的情形。当执纪执法中发现行为人涉嫌犯罪，但已经过了追诉时效，是适用纪法衔接条款第二十七条还是第二十八条呢？实践中也存在不同观点。笔者认为，此种情形应当适用第二十七条的规定。根据《中华人民共和国刑事诉讼法》（以下简称《刑诉法》）第十六条的规定，犯罪已过追诉时效的，不追究刑事责任。刑法追诉时效本质上是要解决刑罚权是否启动的问题，并没有对行为作实体性评价。虽然行为人的违法行为已过追诉时效，但其违纪违法行为仍然客观存在，应当适用《条例》第二十七条的规定，客观评价为涉嫌犯罪行为，不能适用第二十八条中的“不构成犯罪”。

三是被审查调查人死亡的情形。根据《条例》第三十六条的规定，违纪党员在党组织作出处分决定前死亡，或者死亡后发现其曾有严重违纪行为，对于应当给予开除党籍处分的，开除其党籍；对于应当给予留党察看以下（含留党察看）处分的，作出违犯党纪的书面结论和相应处理。在这种情形下，根据《刑诉法》的规定，犯罪嫌疑人或被告人死亡的，不予追究刑事责任。但是，如果经审查后发现其涉嫌犯罪，需要给予处分的，应当适用《条例》第二十七条，将其行为客观评价为涉嫌犯罪行为。

（付　余　广东省佛山市纪委监委）

（原载于《中国纪检监察报》2020年4月29日）

49. 如何处理跨越新旧《中国共产党纪律处分条例》的违纪行为

典型案例

刘某，男，中共党员，A 区某局工程建设部门负责人。

2018 年 10 月，有群众向纪检监察机关举报刘某与在其部门承揽工程项目的某建筑公司法定代表人赵某往来频繁，关系密切，存在违纪问题。经查，2016 年 12 月，刘某因购房资金不足，利用职务之便向赵某借款 70 万元，且直至案发仍未归还赵某借款。无证据证明刘某无归还意图。

处理意见

刘某的行为属于借用管理和服务对象的钱款，但在该案处置过程中，对刘某的违纪行为应当适用哪年的《中国共产党纪律处分条例》（以下简称《条例》），2015年《条例》还是2018年《条例》？

第一种意见认为：虽然案发的时间是2018年，且新修订的《条例》已经正式施行，但刘某的借款行为发生在2016年，应当适用行为发生时的《条例》，即2015年《条例》。

第二种意见认为：虽然刘某的借款行为发生在2016年，但该行为造成的违纪状态持续至2018年《条例》施行时仍未结束，应适用2018年《条例》作为立案审查及追究党纪责任的依据。

评析意见

笔者赞同第二种观点。

一、跨越新旧《条例》的违纪行为适用党规党纪的一般原则

新修订的《条例》正式施行日期为2018年10月1日，对于跨越新《条例》施行日期的违纪行为，在具体适用《条例》时，应注意把握好三个方面：一是对2018年10月1日后发生的违纪行为，一律适用新修订《条例》；二是对2018年10月1日前发生的违纪行为，应遵循“从旧兼从轻”原则，一般情况下适用违纪行为发生时的规定处理，只有新修订《条例》不认为是违纪或者处理较轻的，才适用新修订《条例》处理；三是对开始于 2018 年 10 月 1 日以前，持续或者继续到 2018 年 10 月 1 日以后的行为，应当适用新修订《条例》。

二、对违纪借用行为“行为发生时”的理解

本案中，刘某的违纪行为如何适用《条例》不仅取决于对 2018 年《条例》第一百四十二条“行为发生时”的理解，还取决于对借用行为违纪构成要件的理解。从制度层面分析，在 2015 年《条例》中并没有关于公职人员借用管理服务对象钱款构成违纪的直接规定。

2018 年《条例》第九十条第一款规定：“借用管理和服务对象的钱款、住房、车辆等，影响公正执行公务，情节较重的，给予警告或者严重警告处分。”该《条例》规定了“影响公正执行公务，情节较重”的前提条件。关于何为“影响公正执行公务”，中央纪委国家监委法规室编写的《条例》释义中第九十二条的释义指出：可能影响公正执行公务的宴请或者旅游、健身、娱乐等活动安排，主要是指与执行公务相关联、与公正执行公务相冲突的宴请以及旅游、健身、娱乐等活动安排。关于何为“情节较重”并无具体标准，但结合可能影响公正执行公务的前置要件分析，笔者认为可以从三个方面予以考虑：一是借用管理和服务对象财物长期不归还；二是借用财物的金额或价值较大；

三是借用行为对公职人员公正履职造成较严重的不良影响。因此，从 2018 年《条例》第九十条规定的立意分析，对于借用管理和服务对象财物行为达到违纪标准其实仍需要符合相应的要件，并非仅以公职人员借用行为单独构成违纪。

结合刘某借款的案例进行分析。从新旧《条例》及相关的党规党纪关于违纪借用行为的规定来看，公职人员借用管理服务对象财物构成违纪的行为与刑法理论上的“继续犯”在状态上有相似之处。实践中，借用行为在出借物转移占有后实际上已经结束，此时“行为发生时”只能是出借人出借行为履行完毕时，其借款行为本身不具有持续性。而真正触发“违纪点”的是阻却借用状态结束的行为，也即占用管理服务对象财物的行为，正是这种行为造成了占用状态在时间上的持续，最终满足了违纪构成要件。因此，借用管理服务对象财物类的违纪行为，不仅仅需要借用行为的发生，还需要占用行为导致的违纪状态持续，两者缺一不可。

本案给我们的启示是，在日常监督执纪过程中，不能简单地照本宣科，必须认真分析党规党纪对违纪行为表述的深刻内涵和立法意图，做到精准发力、精准处置。

（顾宁峰）

（原载于《中国纪检监察报》2019 年 4 月 24 日）

50. 案件移送审理后又发现新的违纪违法问题如何处理

典型案例

文某，中共党员，某行政机关公务员，于 2013 年至 2014 年利用职务上的便利收受他人财物 2.8 万元。2018 年 2 月被某市纪委监委立案审查调查。2018 年 4 月，该市纪委监委审查调查部门将该案移送本委案件审理部门审理。2018 年 5 月，在审理阶段审查调查部门又发现文某新的违纪违法问题。

处理意见

关于该案的程序处理，存在四种不同观点：

第一种观点认为，案件审理部门应当将该案退回审查调查部门重新调查；第二种观点认为，案件审理部门应将该案退回审查调查部门补证；第三种观点认为，案件审理部门应当中止审理，并将该案退回审查调查部门补充审查调查，补充审查调查时间不计入审理时限；第四种观点认为，可以继续审理，按程序给予党纪政务处分。

评析意见

笔者赞同第三种观点。虽然党纪案件中没有“中止审理”的概念，但《监察机关审理政纪案件的暂行办法》(1999 年 1 月 15 日监察部第 8 号令发布，以下简称《暂行办法》）规定了发现被调查人有新问题，需案件移送单位补报证据或说明的，可以中止审理。《中国共产党纪律检查机关监督执纪工作规则（试行)》（以下简称《监督执纪工作规则》）规定了需要补充完善证据的，可以退回执纪审查部门补证。所以可以依照或参照规定，案件审理部门先中止审理，再退回审查调查部门补充审查调查。

本案中，在文某案件审理阶段，审查调查部门又发现其新的违纪违法事实，应当属于《暂行办法》第十二条“在审理案件过程中，遇有下列情形之一，可以由案件审理部门负责人提出意见，经分管审理的领导批准后中止审理：……（三）发现被调查人有新问题或被调查人提出新的辩解，需案件移送单位补报证据或说明的”规定的“新问题”。

第一种观点认为：案件审理部门应当将该案退回审查调查部门重新调查，不太妥当。《监督执纪工作规则》第四十条规定，“审理工作按照以下程序进行：……（四）对主要事实不清、证据不足的，经纪检机关主要负责人批准，退回执纪审查部门重新调查”。重新调查的前提，是移送审理的案件主要事实不清、证据不足，即没有达到“事实清楚、证据确凿”或“事实清楚，证据确实、充分”的要求，才能退回重新调查。而本案移送的事实经审理后认为已达到事实清楚，证据确实、充分的标准，只是发现新的违纪违法问题，需要作出处置。

第二种观点认为：案件审理部门应将该案退回审查调查部门补证，这种观点虽然基本符合要求，但未对审理时限作出明确安排，存在瑕疵。

第四种观点认为：可以继续审理，按程序给予党纪政务处分，也不稳妥，会造成重复审理，短时间内给予两次处分，也会给社会以党纪政务处分不严肃的影响。基于保护被审查调查人的正当权益、避免重复审理、节约资源等方面的考虑，相关规定要求一般不能在明知有新的违纪违法事实的情况下先行审理，而应将前后违纪违法事实合并审理，并给予处分。

党内法规规定的延长审理时限或不计入审理时限和

《暂行办法》规定的中止审理的条件基本上是相同的，也就是说中止审理和延长审理时限或不计入审理时限实质是一致的，都是规定可以附条件地暂时停止审理，待条件符合后再恢复审理。如《监督执纪工作规则》第四十条规定，“审理工作按照以下程序进行：……（四）……需要补充完善证据的，经纪检机关相关负责人批准，可以退回执纪审查部门补证……审理工作应当自受理之日起30日内完成，重大复杂案件经批准可适当延长”。《中央纪委关于进一步加强和规范办案工作的意见》第二十九条规定了“审理过程中，需要补充调查的，补充调查时间不计入审理时限”。

综上，案件审理部门受理案件后，审查调查对象因被发现新的违纪违法问题而重新置于审查调查阶段以致本案暂不宜继续审理，不属于“主要事实不清、证据不足”，不能退回审查调查部门重新调查，也不宜继续审理，而是应当先中止审理，再将退回审查调查部门补充审查调查，完善证据。待补充审查调查完毕后，再将证据移送继续审理。

（姚宜闯　江西省萍乡市纪委监委）

（原载于《中国纪检监察报》2018年9月5日）

图书在版编目（CIP）数据

以案说纪：50个党纪疑难问题解析/《以案说纪：50个党纪疑难问题解析》编写组编．—北京：中国方正出版社，2023.10

ISBN 978-7-5174-1267-0

Ⅰ.①以… Ⅱ.①以… Ⅲ.①中国共产党-纪律检查-问题解答 Ⅳ.①D262.6-44

中国国家版本馆CIP数据核字（2023）第212830号

以案说纪：50个党纪疑难问题解析

YIAN SHUOJI：50 GE DANGJI YI'NAN WENTI JIEXI

本书编写组　**编**

责任编辑：陈金华　张晓双
责任校对：周志娟
责任印制：李惠君

出版发行：中国方正出版社
（北京市西城区广安门南街甲2号　邮编：100053）
编辑部：（010）59594614　发行部：（010）66560936
出版部：（010）59594625　门市部：（010）66562755
邮购部：（010）66560933
网　址：www.lianzheng.com.cn
经　销：新华书店
印　刷：保定市中画美凯印刷有限公司

开　本：880毫米×1230毫米　1/32
印　张：8.5
字　数：149千字
版　次：2023年10月第1版　2023年10月北京第1次印刷

ISBN 978-7-5174-1267-0　定价：25.00元